Claudia Lücking-Michel (Hg.)

Sterben dürfen? Sterben helfen?

Claudia Lücking-Michel (Hg.)

STERBEN DÜRFEN?
STERBEN HELFEN?

In Gottes und der Menschen Hand

 EVANGELISCHE VERLAGSANSTALT
Leipzig

Bibliografische Information der Deutschen Nationalbibliothek
Die deutsche Nationalbibliothek verzeichnet diese Publikation in der
Deutschen Nationalbibliografie; detaillierte bibliografische Daten sind
im Internet über http://dnb.ddb.de abrufbar.

ClimatePartner ⦿
**klimaneutral
gedruckt**

Die CO$_2$-Emissionen
dieses Produkts wurden
durch CO$_2$-Emissions-
zertifikate ausgeglichen.

Zertifikatsnummer:
53323-1507-1016
www.climatepartner.com

Umschlaggrafik: Christian Knaak, Dortmund

© 2015 by Bonifatius GmbH Druck · Buch · Verlag Paderborn
und Evangelische Verlagsanstalt GmbH, Leipzig

ISBN 978-3-89710-616-1 (Bonifatius)
ISBN 978-3-374-04090-2 (Evangelische Verlagsanstalt)

Gesamtherstellung:
Bonifatius GmbH Druck · Buch · Verlag Paderborn

INHALT

Die vier Gesetzentwürfe im Deutschen Bundestag und ihre Begründungen

Claudia Lücking-Michel

VORWORT:
STERBEN DÜRFEN? STERBEN HELFEN?
IN GOTTES UND DER MENSCHEN HAND

Unter diesem Titel hat im Frühjahr dieses Jahres im Maternushaus in Köln ein großer Kongress stattgefunden. Damit haben die beiden Veranstalter, die Gemeinschaft Katholischer Männer und Frauen (KMF) und der Katholische Deutsche Frauenbund (KDFB), ein Thema aufgegriffen, das gleichermaßen von existenzieller Bedeutung für jede und jeden von uns wie von aktueller politischer Brisanz ist.

Nachdem es bereits in der 17. Wahlperiode im Deutschen Bundestag eine wenig erfolgreiche Gesetzesinitiative zu diesem Anliegen gab, ist es dankenswerterweise von Bundesminister Hermann Gröhe gleich zu Beginn seiner Amtszeit wieder auf die politische Tagesordnung gesetzt worden. Bundestagspräsident Lammert hat das Projekt als eines der wichtigsten Gesetzgebungsvorhaben in dieser Wahlperiode bewertet. Aus meiner Sicht ist es jedenfalls ein sehr entscheidendes, aber auch durchaus schwieriges.

Wenn sich der Gesetzgeber – im Auftrag der Wählerinnen und Wähler – hier einmischt und einbringt, dann, weil er davon überzeugt ist, dass die Frage „Wie wollen wir sterben?" eigentlich danach fragt: „Wie wollen wir leben?" Sie ist von entscheidender Bedeutung für unser Verständnis vom Leben, von individueller Autonomie ebenso wie von unserer gesellschaftlichen Verantwortung, ja für unser Verständnis von Menschenwürde bis zum Schluss.

Die Debatte hat entsprechend einen außergewöhnlich hohen Stellenwert in der Diskussion des Bundestages, selten wurde so viel und so intensiv über ein Gesetzgebungsvorhaben debattiert. Nach einer ausführlichen Orientierungsdebatte im September 2014, der verschiedene Positionspapiere zugrunde lagen, gab es einen sehr langen Vorlauf, um bis Juni 2015 eigene fraktionsübergreifende Anträge einzubringen. Fünf Gruppenanträge wurden schließlich vorgelegt, vier davon haben das

Quorum erreicht, um in der ersten Lesung, die im Juli 2015 stattfand, berücksichtigt zu werden. Planmäßig soll die Anhörung im September und die zweite und dritte Lesung noch im November 2015 folgen.

Ich freue mich, dass wir Ihnen die Beiträge unseres Kongresses hier nun genau mitten in dieses Verfahren hinein in Buchform vorlegen können. Sie sollen nicht nur über die laufende Debatte zu den verschiedenen Anträgen informieren, sondern mit einer Vielfalt an verschiedenen Positionen und Meinungen zu einer eigenen Auseinandersetzung anregen und eine qualifizierte Meinungsbildung ermöglichen. Wir wollen nicht fertige Antworten liefern, sondern durchaus konträre Positionen angemessen zu Wort und miteinander ins Gespräch kommen lassen.

Der Kongress selbst bot genügend Raum, um solche Gespräche auch direkt miteinander zu führen. Damit sind die beiden Verbände Frauenbund und KMF ein Stück weit auch ihrem eigenen Selbstverständnis als katholische Verbände in Kirche und Gesellschaft an dieser Stelle nachgekommen. Dies, so hoffen wir, kann nun auch diese Publikation fortsetzen: Unser Auftrag ist es, Diskussion, Meinungsbildung und Positionsfindungen anzuregen und dann als Einzelne wie als Verbände in die Gesellschaft und auf den Gesetzgebungsprozess, der ganz konkret ansteht, einzuwirken.

Wir freuen uns, dass so ein Projekt erstmals als Joint Venture von KDFB und KMF gemeinsam geplant, durchgeführt und mit dem vorliegenden Buch nun auch dokumentiert wird. Deshalb ist es mir an dieser Stelle besonders wichtig, mich bei allen zu bedanken, die zum Gelingen des Kongresses und dieses Buches beigetragen haben. Ich bedanke mich bei den Verantwortlichen vom KDFB – allen voran bei der Präsidentin des Frauenbundes, meiner Kollegin im Bundestag, Frau Staatssekretärin Maria Flachsbarth. Ein gleicher Dank geht an alle, die bei diesem Projekt vonseiten der KMF mitgearbeitet haben, besonders dem Geschäftsführer Dr. Franziskus Siepmann. Vor allem aber möchte ich mich bedanken bei Martin Merz, dem Redakteur unserer Verbandszeitschrift Hirschberg. Er war der Ideengeber für den Kongress und derjenige, der die Redaktionsarbeit für dieses Buch koordiniert hat.

I.
PERSÖNLICHE ERFAHRUNGEN UND FRAGEN

Lothar Moschner

BIS ZUM LEBENSENDE – ERFAHRUNGEN AUS DER PALLIATIVMEDIZIN

Als Hämato-Onkologe und Palliativmediziner, der mit anderen Kollegen in einem Palliativnetz arbeitet und Gäste in einem Hospiz betreut, begleite ich manche onkologisch erkrankten Patienten von Beginn ihrer Erkrankung über einen langen Zeitraum bis hin zu ihrem Lebensende; andere Patienten lerne ich erst kennen, wenn sie als Gast in das stationäre Hospiz einziehen.

Bei den meisten von einer unheilbaren Krebserkrankung betroffenen Patienten kommt irgendwann der Zeitpunkt, an dem die Krankheit trotz Therapie die Oberhand gewinnt und eine Fortsetzung z. B. chemotherapeutischer Maßnahmen nicht sinnvoll erscheint.

Zu diesem Zeitpunkt rücken palliativmedizinische Aspekte in den Vordergrund, um den Erkrankten in seiner verbleibenden Lebenszeit nicht weiter zu belasten. Gerade auch in dieser Zeit der letzten Lebensphase ist es enorm wichtig, Patienten und ihre Angehörigen nicht alleinzulassen. Innerhalb unseres Palliativnetzes wird diese Aufgabe gemeinsam in einem Team aus Pflegenden, Ärzten und weiteren Berufsgruppen angenommen.

Trotz bestmöglicher Betreuung, Pflege und medizinisch-medikamentöser Versorgung kann das individuelle Leid für den Einzelnen so groß sein, dass sich – durchaus nachvollziehbar – bei einigen Betroffenen ein Sterbewunsch entwickelt.

Aus diesem Sachverhalt heraus entwickelt sich die in der zu führenden Debatte für mich zentrale Frage:

Wie gehe ich als Palliativmediziner mit diesem Sterbewunsch –bei gleichzeitiger Wahrung des Willens und der Autonomie, also der Selbstbestimmtheit des Patienten – um, ohne die Möglichkeiten assistierter Suizidbeihilfe in Betracht zu ziehen?

Zunächst muss der Patient ernst genommen und mit seinem Anliegen respektiert werden; das Thema darf nicht sofort abgeblockt werden. Gelegentlich empfinde ich einen geäußerten

Sterbewunsch als Aufforderung, als vorsichtigen Test, ob ich bereit bin, mich auf den Patienten mit seinen Sorgen und Nöten einzulassen.

Ich muss mich mit dem anderen beschäftigen, muss ihm zuhören, Zeit mit ihm verbringen, mit ihm kommunizieren – kurz, für ihn da sein und eine vertrauensvolle Beziehung aufbauen.

Meine Aufgabe als begleitender Palliativmediziner besteht darin, meinen Patienten so weit kennenzulernen, dass ich sein Leid verstehe, seine Gedankenwelt, seine Ängste und seine Vorstellungen nachzuvollziehen versuche; nur so kann ich die Hintergründe seines Sterbewunsches erkennen.

Es ist also notwendig, sich zunächst intensiv mit dem Wunsch nach vorzeitiger Lebensbeendigung zu befassen, einem Wunsch, der immer Ausdruck großer Verzweiflung ist.

Nicht selten ist die Vorstellung eines qualvollen Erstickens, nicht kontrollierbarer Schmerzen oder einer nicht zu ertragenden Veränderung des eigenen Körperbildes Ursache des Nichtmehr- leben-Wollens.

Oftmals leiden die Betroffenen unter quälender Angst vor dem Ungewissen, vor dem, was noch kommen wird. „Wie lange wird es dauern – was spüre ich – ich möchte nicht allein sein – behalte ich meine Würde im Sterben": Dies sind nur einige der quälenden Gedanken und Fragen.

Wir wissen, dass der Wunsch nach baldiger Lebensbeendigung (also: „ich möchte nicht mehr leben") nicht selten bedeutet: „Ich möchte *so wie jetzt, unter diesen Umständen* nicht mehr leben" – er ist also Resümee und möglicherweise Appell an uns zugleich.

Unerträglich empfundener Schmerz körperlicher oder seelischer Art kann eine autonome Entscheidung – also in diesem Fall den Sterbewunsch – beeinflussen.

Wenn ich die Motive und Hintergründe des ausgesprochenen Sterbewunsches erkannt habe, bin ich als begleitender Arzt gefragt, ob es gelingen kann, diesen Sterbewunsch durch geeignete Maßnahmen auch wieder schwinden zu lassen.

Die sich entwickelnden intensiven Gespräche bringen oftmals eine tiefe Traurigkeit über die zu erleidende Krankheit, die vielen unerfüllten Wünsche und fehlenden Zukunftsperspektiven hervor. Bisweilen gelingt es, noch Perspektiven für die verbleibende Zeit zu entwickeln und, soweit es körperlich möglich ist, auch zu realisieren.

Den meisten Betroffenen nützt bereits das Gespräch über ihre Fragen, mit denen sie sich vielleicht schon sehr lange in ihrem Kopf beschäftigt haben, um ihre Ängste zu mildern. Das sind Fragen wie: „Was passiert, wenn die Schmerzen zunehmen und ich stärkere Medikamente brauche?", „Kann ich weiter klar denken?" oder „Was passiert, wenn meine Beine und mein Bauch immer dicker werden?"

Das Aufzeigen und Erklären von möglichen therapeutischen Maßnahmen, die ich in der Regel auch sehr detailliert beschreibe, helfen, Sicherheit in der unsicheren nahen Zukunft zu vermitteln.

Bei bestehendem Sterbewunsch kann natürlich Therapieverzicht (also keine lebensverlängernden Maßnahmen), d. h. konkret das Absetzen von Medikamenten, Ernährung oder Flüssigkeitsgaben, besprochen werden, sofern dies nicht bereits vorher durch eine entsprechende Patientenverfügung festgelegt wurde.

Dies alles kann vor allem deshalb beruhigend wirken, da durch das Einbeziehen des konkreten Patientenwillens der Wunsch nach Selbstbestimmung nicht übergangen wird.

In Einzelfällen bespreche ich auch eine sog. palliative Sedierung mit meinen Patienten. Wenn die Belastung durch unerträgliches und durch keine anderen Mittel beherrschbares Leiden zu groß wird, kann der Patient, nachdem dies vorher besprochen wurde, für eine gewisse Zeit in eine Art Schlaf versetzt werden. Hierdurch wird zunächst eine krisenbelastete Situation entschärft. Dies sollte jedoch erst dann in Erwägung gezogen werden, wenn alle anderen therapeutischen Maßnahmen nur unzureichende Wirkung erzielt haben. Auch allein das Wissen um die Möglichkeit einer solchen Sedierung wirkt beruhigend. Manchmal erhöht sich dadurch die Bereitschaft, mehr – an Krankheit, aber auch an Leben in Krankheit – geschehen zu lassen.

Bisweilen wird der Sterbewunsch auch vor dem Hintergrund geäußert, die eigenen Angehörigen entlasten zu wollen. „Ich möchte meinen Angehörigen nicht zur Last fallen, sie sollen und müssen ihr Leben leben können." Dem steht gelegentlich die entgegengesetzte Einschätzung der Angehörigen gegenüber. Diese sind froh, trotz der empfundenen Hilflosigkeit überhaupt etwas tun zu können – sei es durch häusliche Betreuung oder in Form von Besuchen im Hospiz. Ein gemeinsam geführtes Gespräch zwischen dem Patienten, seinen Angehörigen und mir kann die entstandenen oder empfundenen Missverständnisse aufklären.

Natürlich gibt es auch Fälle, bei denen Angehörige durch die Betreuung im häuslichen Umfeld wirklich an ihre Grenzen stoßen und der Gedanke des „Zur-Last-Fallens" naheliegend erscheint. Hier wird dann innerhalb unseres Palliativnetzes versucht, entlastende Hilfen im häuslichen Umfeld zu organisieren, ich denke da an die vielen ehrenamtlich-professionell Tätigen in der Sterbebegleitung.

Nach wie vor stoße ich in manchen Fällen und bei so mancher der gestellten Fragen und geäußerten Ängste auch an meine Grenzen. Fragen wie „Was würden Sie an meiner Stelle machen?", „Warum muss ich so lange leiden?", „Warum werde ich nicht erlöst?" kann ich natürlich nicht beantworten. Aber die gemeinsame Auseinandersetzung mit diesen unbeantwortbaren Fragen abseits der rein medizinischen Probleme, die Bereitschaft, das Unbeantwortbare miteinander zu teilen, kann helfen, das schwer Auszusprechende doch zu artikulieren.

Ich möchte noch einmal wiederholen, dass es nach meiner Erfahrung äußerst wichtig ist, sich mit dem Patienten, der den Wunsch nach Sterbehilfe äußert, aus den vorgenannten Gründen intensiv zu beschäftigen. Nur so kann ich auch erkennen, ob vielleicht eine schwere Depression, die dann zu behandeln wäre, dem Sterbewunsch zugrunde liegt.

Ohne ausreichende Kommunikation möchte ich nicht vorschnell einem geäußerten Sterbewillen Raum geben, zumal wir wissen, dass dieser keineswegs stabil sein muss, sondern in andere Einstellungen zum eigenen Leben und Sterben wechseln kann.

Bislang hat sich nach meinem Wissensstand keiner meiner betreuten Patienten einer Sterbehilfeorganisation anvertraut. Da ich dafür einstehe, die Schwelle hochzuhalten, muss ich mir bei fortwährend bestehendem Sterbewunsch immer die Frage stellen: Habe ich alles getan?

Grundsätzlich gilt aber: Bei allen Maßnahmen der Sterbebegleitung und der Therapie am Lebensende ist der Wille des Betroffenen maßgebend, die Autonomie ist und bleibt ein hohes Rechtsgut. Wie es aber wirklich um unsere Autonomie am Lebensende steht, da wir genau wie zu Beginn unseres Lebens auf Hilfe und fürsorgliche Menschen angewiesen sind, weiß niemand.

Ich sehe natürlich auch nur die Menschen, die in meinem Umfeld leben, von mir behandelt werden und sich dem Palliativnetz oder dem Hospiz anvertrauen. Vermutlich denken und handeln andere Menschen, die mir nicht begegnen, in ähnlicher Situation anders.

Denn es gibt sie natürlich – die Fälle des wohlüberlegten und freiverantwortlich getroffenen Wunsches nach Beendigung des eigenen Lebens angesichts eines unheilbaren und unerträglich empfundenen Leidens. Dann gilt die Formulierung: Der Schutz des Lebens darf nicht zum Zwang des Leidens werden.

Aus meiner palliativmedizinischen Sicht: Mögen diese Fälle mit oder ohne gesetzliche Regelung nicht zu einer Ausweitung einer Suizidbeihilfe führen – und damit evtl. sogar, weil demografisch bedingt, zur gesellschaftlichen Regelversorgung am Lebensende werden.

Ulrike Herwald

IM SPANNUNGSFELD HOSPIZ

Drei Erfahrungen, zwei aus dem stationären Hospiz, eine aus der ambulanten Hospizarbeit, sollen das Spannungsfeld illustrieren, in dem sich haupt- und ehrenamtlich Mitarbeitende im Hospiz bewegen, und schließlich zu den Fragen führen, die ich im Kontext des Themas „In Würde sterben" stellen möchte.

Erste Erfahrung

Einmal wöchentlich besuchte ich eine Dame in ihrem Zimmer im stationären Hospiz, die schwer krank, aber geistig noch ganz wach war. Ich gab ihr meine Unterstützung unter anderem dafür, dass sie in ihrer Köperpflege noch möglichst viel selbstständig tun konnte. Eines Tages, sie im Bett, sagte sie mir: Ach, irgendwie ist mir das ja unangenehm. Ich liege hier rum wie im Urlaub, und Sie müssen arbeiten. – Der Idealfall der Hospizarbeit! Die Dame, die nicht mehr viel Lebenszeit hatte, hatte im Hospiz den Ort gefunden, an dem es ihr wirklich gut ging. Sie hatte gut auf die Schmerzmedikamente reagiert, so dass sie sich „wie im Urlaub" fühlen konnte. Das gelingt auch im stationären Hospiz nicht immer gut.

Zweite Erfahrung

Ich hatte mich einige Zeit mit einem Herrn unterhalten. Als ich mich verabschiedete, fragte ich ihn: Kann ich noch irgendetwas für Sie tun? Er antwortete: Ja, bringen Sie mir eine Pistole. Das war, denke ich, ernst gemeint. Ich war verunsichert, wusste nicht, wie ich reagieren sollte. So antwortete ich ausweichend, bot ihm ein weiteres Gespräch am nächsten Tag an. Vielleicht habe ich auch einen Versuch gemacht, auf die Äußerung mit Humor einzugehen, wohl wissend, dass für ihn dieser Moment sehr ernst war.

Für mich war die ehrenamtliche Arbeit im stationären Hospiz sehr befriedigend, weil ich den Menschen so nahe war. Im Hospiz sind die Menschen nicht allein, es sei denn, sie wünschen es. Nach meinem Studium habe ich dann als Koordinatorin in der ambulanten Hospizarbeit begonnen, die sich sehr von der Arbeit in einem stationären Hospiz unterscheidet.

Wenn von Hospizarbeit die Rede ist, denkt man oft nur an die stationären Hospize. Die meisten Menschen wollen aber zuhause sterben, und so ist die ambulante Hospizbegleitung im Grunde das, was sie sich wünschen. Dennoch führt sie eine Art Schattendasein neben den viel „sichtbareren" Hospizen in schönen Gebäuden mit ihren besonderen Angeboten. Aber für die Betroffenen ist das ambulante Hospiz oftmals eine gute Alternative.

Dritte Erfahrung

Es ist beglückend, dass man in einem ambulanten Hospizdienst auf die Bitte um einen Gesprächstermin sehr schnell reagieren kann. Die Ratsuchenden sind meist überrascht, da sie ansonsten längere Wartezeiten gewohnt sind. Für uns im Hospizdienst in Hilden kann ich sagen, dass wir Menschen, die sich per Telefon oder Mail an uns wenden, möglichst am selben Tag oder noch in derselben Woche einen Termin anbieten.

Eine Mutter und ihre Tochter hatten also um ein Gespräch gebeten und waren sehr dankbar, kurzfristig einen Termin zu bekommen. Der Ehemann beziehungsweise Vater lag im Krankenhaus. Seine Erkrankung war sehr weit fortgeschritten, die Situation schwierig. Er wollte nicht mehr leben – das hatte er deutlich zu verstehen gegeben. Für die beiden Frauen ging es jetzt darum, ihre Haltung zu dem zu finden, was wir heute nicht mehr passive Sterbehilfe, sondern Therapiezieländerung nennen. Gut, dass jetzt dieser Begriff genutzt wird! Das Wort von der passiven Sterbehilfe weckt die Assoziation, man würde jemandem zum Sterben verhelfen. Heute kennen wir das Therapieziel „Heilung" und das Therapieziel „Linderung und Übergang in die Sterbephase". Man kennt den Satz: Ich kann nichts mehr für Sie tun. Ärzte haben ihn früher oft gesagt. Ich hoffe, sie sagen ihn immer seltener! Denn „Ich kann nichts für Sie tun" kann in dieser Situation höchstens der Zahnarzt sagen. Aber ein Hausarzt oder ein Internist kann noch sehr viel für Patienten tun, auch wenn er sie nicht mehr heilen kann.

Die Mutter und ihre Tochter brauchten jemanden, mit dem sie über ihre Sorgen sprechen konnten. Wie wird es uns ergehen, wenn wir später sagen müssen: Wir haben der Therapiezieländerung zugestimmt und damit möglicherweise die Lebenszeit unseres Mannes und Vaters verkürzt, weil wir keine lebensverlängernden Maßnahmen gefordert oder sie sogar abgelehnt haben? Wie können wir damit fertigwerden? Eigentlich wussten sie die Antworten bereits. Sie brauchten nur einen Ort, an dem sie ihre Ängste und Bedenken aussprechen und sicher sein konnten, dass man ihnen ohne Angst und Vorbehalte zuhört. Nach einem etwa einstündigen Gespräch sind die beiden dann gegangen. Einige Tage später riefen sie an, um mir zu sagen: Jetzt konnte er ruhig zuhause sterben. In so einem Moment bin ich dankbar, diese Arbeit tun zu dürfen.

Meine Fragen

- In der Hospizarbeit habe ich es meistens mit Menschen zu tun, die kurze, heftige Erkrankungen haben. Für diese Menschen können wir inzwischen, wie ich meine, sehr viel tun. Seit Längerem beschäftige ich mich aber intensiv mit der Frage, was wir für Menschen tun können, die an chronischen, langwierigen, erbarmungslosen Krankheiten leiden? Darauf finden wir in der Hospizbewegung meiner Meinung nach noch wenig Antworten.
- In welchen Situationen sind die qualifizierten ehrenamtlichen Hospizmitarbeiter/-innen bessere Bezugspersonen als die Mitglieder der eigenen Familie? Und wann ist andererseits vor allem die Familie gefragt? Man weiß aus eigener Erfahrung, dass man oft mehr Geduld und Verständnis für fremde, nicht so nahestehende Personen aufbringt – auch deshalb, weil man ja nach wenigen Stunden wieder weggehen kann. Als engagierte Außenstehende höre ich ganz anders zu, stelle interessierte Fragen, höre ja auch alles zum ersten Mal. So wird jemand, der seine Lebensbilanz zieht, in

ganz anderer Weise wahr- und ernstgenommen. Doch an welchem Punkt sind dann wieder die Familienangehörigen die besseren Gesprächspartner?

- Idealisieren wir vielleicht das „Sterben dürfen an eines Menschen Hand"? Es ist schön, wenn das möglich ist, aber manchmal ist es auch ein sehr hohes Ziel, dem wir gar nicht gerecht werden können. Vor allem müssen wir auch die Sterbenskranken respektieren, die ihre Situation nicht mehr ertragen und sich ein möglichst schnelles Ende ihres Lebens wünschen. Es darf nicht sein, dass wir Hospizmitarbeiterinnen und -mitarbeiter denken: Es gibt Leute, die viel besser sind, die viel besser leiden können als ihr, weil sie so geduldig sind. Wir müssen aushalten, dass einer sagt: Trotz aller Hilfe, die ihr mir gebt, kann ich es nicht mehr ertragen. Wir müssen ihn ernst nehmen und dürfen auch nicht unterschätzen, was uns möglicherweise an herausfordernden Situationen noch bevorsteht. Vielleicht gerät dadurch sogar die eigene Position, die jetzt noch wie in Stein gemeißelt scheint, ins Wanken.

Irene Wimmi

AUS DER NÄHE

Ich möchte mit Ihnen einige Erfahrungen aus der Begegnung mit schwer kranken und sterbenden Menschen teilen, eingebettet in einen Abschnitt ihrer Lebensgeschichte.

Als meine Großmutter starb, war sie achtzig Jahre alt und ich dreizehn. Sie starb bei uns zu Hause in ihrem Zimmer. Damals hieß es, sie „musste" sterben, und wir als ihre Familie „mussten" sie in den letzten Lebenswochen immer mehr unterstützen. In dem Maß, in dem der Krebs ihren Körper eroberte, verwandelte sich die große alte Dame, die meine Geschwister und mich großgezogen hatte, in einen Menschen, der wie ein Kind versorgt und gepflegt wurde. Wir Enkel waren intensiv einbezogen, und mich beschäftigte sehr, dass die Großmutter nun „rückwärts wuchs"; dass ihre Welt immer kleiner und ihre Interessen immer schmaler wurden, sie Verwandte auf Bildern nicht mehr erkannte, keine Handarbeitsanleitungen mehr geben konnte, nicht mehr fragte, was im Garten wuchs. Und dass sie dann, als sie aufgebahrt in unserem Hausflur lag, wieder die große alte Dame war, wie ich sie vorher lange gekannt hatte.

Ihre letzten Monate hatte sie mehr und mehr in ihrem Lehnstuhl im Wohnzimmer verbracht, umgeben vom Leben der Familie. Dabei betete sie den Rosenkranz für ihren früh verstorbenen Mann und für andere, die sie kannte oder von denen sie gehört hatte. Sie betete und schlief ein wenig und betete wieder und schlief wieder ein und so fort. Zwar fragten wir sie und uns, ob es ihr gutgehe, aber niemand fragte, ob ein so klein gewordenes Leben noch sinnvoll sei. Sie betete und sie war noch da. Beides war gut, richtig und wichtig; für sie selbst, für uns und vermutlich auch für die Lebenden und Toten, die sie in ihr Gebet einschloss.

Zurückschauend frage ich mich: Welches Sinn-Angebot, welche Deutung haben wir heute für Menschen, deren Lebenskreise kleiner und deren aktive Möglichkeiten geringer werden? Was haben wir verloren durch unsere Frage nach einem fest definierten Sinn des Lebens? In welcher Welt leben kranke und behinderte Menschen – und ist das eine gute Welt für sie?

Die Familie eines siebenundachtzigjährigen Patienten erzählt: Von Jugend an hatte er immer wieder Phasen schwerer Depression zu durchleben. Einmal war er tagelang verschwunden, und alle waren sicher, dass er sterben wollte. Er wurde überall gesucht. Eines Abends stand er recht schüchtern wieder vor seiner eigenen Haustür. Zum Glück sah ihn ein Nachbar. Er erzählte, er habe die ganze Zeit in einem Waldstück am Bahndamm verbracht, den Fahrplan in der Tasche – aber er konnte sich nicht vor den Zug werfen, denn die „Sauerei" wollte er keinem Lokomotivführer zumuten. Zeit seines Lebens hatte er großen Wert auf Sauberkeit, Ordnung und gutes Benehmen gelegt.

Vor einigen Jahren erkrankte er an Parkinson. Sein Verstand ist weiterhin wach und klar, sein Interesse an der Welt unverändert groß. Aber sein Esprit, sein Humor dringen kaum noch nach außen, weil ihm das Sprechen schwerfällt. Seine Reiselust ist vergangen. Er leidet darunter, beim Essen eine Schürze umgebunden zu bekommen. Er, der immer die Verantwortung für sich, seine Familie, seinen Beruf und zahlreiche ehrenamtliche Aufgaben trug, muss nun die Regie immer mehr in fremde Hände legen, sie an jüngere, schnellere Menschen abgeben, die ihn umsorgen. Und vieles erträgt er, obwohl es nicht auf die Art und Weise geschieht, die ihm entsprechen würde.

Beim Zuhören frage ich mich: Wie könnte ich es aushalten, wenn das Bild, das ich von mir selbst habe, nicht mehr mit der Realität übereinstimmt? Wer wäre ich, wenn ich vieles, was mich ausmacht, nicht mehr könnte? Würde ich in Langeweile und Leid versinken oder fände ich neue Aufgaben? Wie können wir Menschen dazu verlocken, im und am Leben zu bleiben, wenn das Leben nach dem Tod ihnen viel leichter, angenehmer, beschwerdefreier erscheint?

Die Mutter eines behinderten jungen Mannes erzählt, dass sie schon vor vierundzwanzig Jahren, nach der Geburt dieses Kindes, immer wieder gefragt wurde: „Hat man das nicht vorher sehen können?" Wenn sie zurückfragte: „Was, meinst du, wäre gewesen, wenn man es vorher hätte erkennen können?", entstand große Verlegenheit.

Sie fragt sich, ob sie es einmal aushalten wird, ihren Sohn in die Obhut anderer Menschen zu entlassen. Wäre es nicht besser, er würde sterben, bevor er vielleicht Übergriffen und Gewalt in der Pflege ausgesetzt wäre? Sterben, bevor sie aufhören muss, ihn zu schützen? Aber ihr Sohn ist zufrieden in seinem Leben und zeigt oft, dass er glücklich ist. Sollte das vor der Zeit enden?

Beim Zuhören stelle ich mir die Frage, ob die medizinischen Möglichkeiten der vorgeburtlichen Erkennung von Behinderungen oder der Anlage zu bestimmten Krankheiten nicht ganz schnell in Forderungen münden. Muss nicht „alles getan werden", was menschenmöglich ist? Werden irgendwann Eltern, die sich für das Leben ihres Kindes entscheiden, für die Folgekosten aufkommen müssen, die die Gesellschaft nicht mehr solidarisch tragen mag?

Eingedenk des Wortes, dass jedes Kind, das geboren wird, ein neues Bild von Gott in die Welt bringt, frage ich mich: Welches Gottesbild zeigt sich uns bei der Geburt von oder in der Begegnung mit behinderten Menschen? Kann es sein, dass Gott gelähmt ist, sich nicht klar ausdrücken kann und ständig Hilfe braucht?

An einem Büchertisch entdeckte ich ein Buch über „Sterbefasten". Es beschreibt, wie der Mensch durch Verzicht auf Nahrung und Flüssigkeit selbstbestimmt das eigene Leben beenden kann.

Mit Respekt vor dem, was andere Menschen schreiben, frage ich mich dennoch: Werde ich irgendwann eine solche Möglichkeit für mich in Betracht ziehen? Werde ich so viel Eigenregie am Ende meines Lebens noch brauchen? Könnte ich auch so aus dem Leben gehen, wie ich hineingegangen bin: hilflos und in allem auf die Fürsorge anderer angewiesen? Welche Voraussetzungen wären dafür nötig? Wären meine Kinder und ihre Familien dann in der Nähe? Könnte ich in einer ihrer Familien langsam alle Verantwortung abgeben und wissen, dass gut für mich gesorgt ist? Würde ich diese Last meinen Kindern und Enkeln zumuten wollen?

Vor einem Monat starb eine Freundin zweieinhalb Jahre nach einer Tumordiagnose im Alter von siebenundvierzig Jahren. Als die Krankheit entdeckt wurde, war klar, dass keine Therapie sie heilen konnte, dass höchstens ein Aufschub möglich wäre. Ihr Lebenswille blieb ungebrochen. Sie war sicher, noch gebraucht zu werden. Immer wieder fragte sie sich und andere, ob mit einer besseren Versicherung oder wenn sie in Amerika lebte oder wenn sie Zugang zu weiterführenden Informationen hätte, doch noch etwas „zu machen" wäre. Sie war bereit, fast alles auszuhalten, um noch ein wenig Lebenszeit zu gewinnen. Der letzte klar verständliche Satz, den sie im Hospiz zu mir sagte, war: „Die lassen mich hier sterben. Die machen gar nichts mehr!" Das klang wie eine Anklage. Als ich hörte, sie sei „friedlich eingeschlafen", war ich sicher, dass die Apotheker an diesem vermeintlichen Frieden großen Anteil hatten.

In Gesprächen mit ihr fragte ich mich: Welche – vielleicht auch unberechtigten – Hoffnungen nähren wir mit den Fortschritten in der Medizin? Können sich durchschnittlich informierte Menschen noch vorstellen, dass unheilbare Krankheiten sie treffen können? Wie lässt sich solch vermeintliches Unrecht aushalten? Als Seelsorgerin frage ich mich: Warum habe ich mir so sehr gewünscht, dass diese Freundin ihren Frieden mit ihrem Schicksal findet? Wie gelingt es uns, ein Sterben in Protest und heftiger Anklage voll Achtung zu begleiten? Welche gute Aussicht kann ich Menschen zeigen, denen der Trost des Glaubens nicht gegeben ist?

Claudia Lücking-Michel

Im Leben, in der Politik: Meine Fragen

Zum ersten Mal habe ich mich als Vizepräsidentin des Zentralkomitees der deutschen Katholiken (ZdK) in der letzten Wahlperiode, als es im Deutschen Bundestag schon einmal eine
Gesetzesinitiative dazu gab, mit Fragen rund um das Thema
„Sterbehilfe" auseinandergesetzt.

Die Gesetzesinitiative damals wurde zurückgezogen. Aus vielen Gründen, aber sicher auch, weil es aus der Zivilgesellschaft,
auch vonseiten des ZdK, viele kritische, ganz unterschiedliche
Gegenpositionen zu den Entwürfen gab. Seitdem ist es gelun-
gen, „Sterben und Tod" als Gesprächsinhalt aus der Tabuzone
unserer Gesellschaft zu holen und zu einem Gegenstand nicht
nur zahlreicher politischer, sondern vor allem auch zwischenmenschlicher Erörterungen zu machen. Dann kommen auch
sehr schnell persönliche Erfahrungen und Fragen auf den Tisch:
Für mich sind das zum Beispiel die vielen Gedanken, die ich mir
zusammen mit unserer großen Familie gemacht habe, als meine Schwiegermutter über fast zwei Jahre langsam körperlich
und geistig immer weniger wurde. Hätte unsere Mutter jetzt
noch eine Magensonde gewollt? Müssen wir sie noch mal ins
Krankenhaus verlegen für eine lebensverlängernde Operation?
Wenn sie sich äußern könnte – wüsste sie um die Tragweite der
anstehenden Entscheidungen, wo wir doch schon in den vielen
kleinen Fragen des Alltags das Gefühl haben, ihr im Grunde
alles vorzusagen? Und so wie sie gelebt hat, immer um die
Familie besorgt, immer erst zuletzt an sich selber denkend,
hätte sie jetzt im Sterben nicht schon lange gemeint, der Zeitpunkt sei gekommen, sich selbst aus dem Weg zu räumen,
damit Kinder und Enkel nicht immer so weit fahren müssen und
das schöne Geld nicht ganz für die Pflege draufgeht?

Wenige Jahre vorher war ich selbst ein Jahr lang Dauerpatientin
einer onkologischen Station. Mir ging es meistens noch so gut,
dass ich mir Gedanken machen konnte über das, was ich rundum erlebte. Da habe ich eine Welt und eine Wirklichkeit mitten
in unserer Stadt entdeckt, die ich vorher sehr gründlich ausge-

blendet hatte: Leid, Elend und aufregende Rettungsmanöver, Hoffnungslosigkeit und große Glaubensstärke, einen Superstandard medizinscher Versorgung und Chefärzte, die unfähig waren, mit ihren Patienten angemessen zu reden. Meine Fragen: Wie sorgen wir bei Schwerkranken für ein soziales Umfeld, in dem sie gesunden oder – wenn es hart auf hart kommt – sich menschenwürdig auf die letzten Dinge einstellen und sich beziehungsreich und gut umsorgt auf den Tod vorbereiten können? Und wie sorgen wir als Gesellschaft dafür, dass auch in Zeiten knapper Kassen nicht in Frage gestellt wird, dass uns jeder Mensch im wahrsten wie im übertragenen Sinn „lieb und teuer" ist?

Als Theologin wurde angesichts dieser dunklen Wolken mein „Schönwetter"-Glaube, mit dem ich fröhlich pfeifend durch die Gegend sprang, auf die eigentliche Probe gestellt. Die gut gemeinte Zusage: „Sie haben ja gute Heilungschancen, sie glauben ja an einen guten Gott", musste ich doch umgehend mit der Gegenfrage beantworten: Aber wie soll ich denn auf die Rettung durch einen Gott hoffen, der mich erst mal dieser Krankheit ausgesetzt hat, einer Krankheit, an der mit mir gleichzeitig viele fürchterlich leiden und manche schrecklich zugrunde gehen? Da bleibt mir doch die Freude über meine Rettung im Hals stecken!

Als Bundestagsabgeordnete schließlich bin ich seit der Orientierungsdebatte im November 2014 mit dem schwierigen Thema „Sterbebegleitung" als Politikerin befasst. Bei den vielen Veranstaltungen, die ich in dieser Rolle jetzt besuche, wurden fast immer Stimmen laut, die fordern, dass die Entscheidung über den eigenen Tod zur Selbstbestimmung und Autonomie jedes Menschen gehören müsse und sich die Politik da bitte rauszuhalten habe. Das Zitat eines Mannes habe ich noch gut im Kopf, er sagte: „Letztlich sterben wir alle alleine, also sollten wir auch selbst entscheiden können, wie wir sterben."

Damit sind wir bei der Frage, die mich im Augenblick am meisten umtreibt: Autonomie über alles?

Natürlich gilt: Niemals darf ein Mensch zum bloßen Objekt fremder Interessen herabgewürdigt und durch sie fremdbestimmt werden. Freie Selbstbestimmung ist ein hohes Gut und unmittelbarer Ausfluss der Würde des Menschen. Dies ist für mich ein wesentlicher Bestandteil des christlichen Menschenbildes. Es ist folgerichtig, wenn Autonomie und Selbstbestimmung sehr stark die Einstellungen und Ansprüche von uns modernen Menschen prägen.

Aber gleichzeitig hat unsere Selbstbestimmung doch auch ihre Grenzen, und der Anspruch darauf unterliegt in mancher Hinsicht auch einer Selbsttäuschung. Denn niemand lebt für sich allein auf einer Insel. Jeder von uns ist von Anfang bis Ende, von der Geburt bis zum Tod, auf andere angewiesen und wird – Autonomie hin oder her – durch sein soziales Umfeld bestimmt. Wo spricht dann wirklich unser Selbst? Wo entscheiden wir tatsächlich autonom?

Und umgekehrt: Jede selbstbestimmte Entscheidung eines Menschen hat Auswirkungen auf seine Mitmenschen und beeinflusst unweigerlich deren Lebensführung und Lebensschicksal. Jede unserer Entscheidungen muss deshalb nicht nur mit den Konsequenzen für sich selbst, sondern auch in ihrer Wirkung auf andere nach bestem Wissen und Gewissen verantwortet werden. Menschliche Autonomie wäre aus meiner Sicht doch ganz klar missverstanden, wenn man sie mit Beliebigkeit oder gar Bindungslosigkeit gleichsetzte.

Im Blick auf unsere Auseinandersetzungen um Sterben und Tod gilt: Nicht nur Sterbenskranke und leidende Menschen, auch manche, die noch durchaus gesund sind, aber Angst vor einem späteren Kontrollverlust haben, äußern immer häufiger einen Sterbewunsch. Dabei fordern sie für sich ein Maß an Selbstbestimmung, dass es auch in anderen Phasen des Lebens so vollkommen nicht gibt. Bei schwerer Krankheit und am Lebensende kommt es erst recht vor, dass man von der Kontrolle über sich selbst und die eigenen Lebensumstände abgeben muss. Aber so unangenehm es sein mag – es stellt doch meine Menschenwürde nicht in Frage, wenn ich von anderen gefüttert und auf die Toilette gebracht werden muss! Wenn das jemand für sich so behauptet, muss er wissen, welche Botschaft er damit an die vielen sendet, die zeit ihres Lebens nie eine andere Chance haben, als von anderen gefüttert und gewindelt zu werden.

Und wenn es noch schlimmer kommt? Schmerz, Leid, Ekel bekommt die Palliativmedizin heute schon viel besser in den

Griff, als viele von uns es erwarten. Mir macht es große Hoffnung, wenn Palliativmediziner berichten, dass sie die allermeisten „Todeskandidaten" von der Chance des Weiterlebens überzeugen konnten, wenn sie zuerst im persönlichen Gespräch gut informieren und dann angemessen versorgen konnten. Trotzdem wäre es sicher vermessen, zu behaupten, dass alles Leid aus dem Leben und seinem Ende verbannt werden könne. Vieles bekommen wir mit Medikamenten in den Griff, doch die Konfrontation mit unserem Ende kann uns niemand abnehmen.

Sterben muss jeder von uns alleine. Das stimmt! Aber als Gesellschaft sind wir verantwortlich dafür, unter welchen Bedingungen Menschen sterben: alleine oder liebevoll begleitet, schwer leidend oder optimal palliativ versorgt. Vor allem: in der Gewissheit, dass wir als Gesellschaft keine Kosten und Mühen für sie scheuen – oder ob wir sie unter einen mehr oder weniger subtilen Druck setzen, sich für eine Selbsttötung zu entscheiden.

Das eine ist die *Freiheit*, sich für eine Selbsttötung zu entscheiden. Das andere ist die Erwartung, dass es in unserer Gesellschaft für diesen Wunsch legalisierte Beihilfe-Angebote geben sollte. Wenn Beihilfe zum Suizid aber erst einmal zum organisierten Standardrepertoire bei uns gehört, bin ich *gezwungen*, mich zu entscheiden. Dann bin ich nicht mehr frei, mich *nicht* zu dieser Option zu verhalten. Konkret: Wenn in meinem Pflegeheim in den Zimmern rechts und links von mir regelmäßig Menschen auf so ein Angebot zugreifen, muss ich mich doch vor mir selbst – und womöglich auch vor meinen Angehörigen – wohl oder übel mit guten Gründen rechtfertigen, wenn ich diese Option für mich ausschließe. Solche Situationen möchte ich für unsere Gesellschaft und unser Land verhindern.

Aus diesem Grund habe ich mich an der Erarbeitung des Gesetzentwurfes beteiligt, der *organisierte*, genauer *geschäftsmäßige* Formen von Suizidbeihilfe unter Strafe stellt. Wir wollen nicht, dass Menschen sich selbst als Last empfinden und unter Druck gesetzt fühlen, sich aus dem Weg zu räumen. Dabei ist uns bewusst: Wir können nicht alle Lebens- und Notlagen gesetzlich regeln. In vielen Fällen ist es vielleicht „lebensklug", wenn sich der Gesetzgeber nicht zu den vielen individuellen

Situationen beim Sterben äußert. An der deutschen Rechtstradition, dass Suizid nicht strafbar ist und deshalb – schon allein aus rechtssystematischen Gründen – die einzelne Beihilfe dazu auch straffrei ist, wollen wir nichts ändern. Wird diese Beihilfe aber geschäftsmäßig betrieben, dann sehen wir einen neuen Tatbestand, der gerade Menschen in prekären Lebenslagen besonders gefährdet. Insgesamt haben wir uns von folgender Aussage leiten lassen: Eine Gesellschaft mit menschlichem Gesicht muss Menschen in Not einen menschlichen Ausweg anbieten, keinen technischen. Schmerz und Verzweiflung lindern, menschliche Zuwendung und medizinische Hilfe stärken – das bedeutet konkrete Hilfe für Sterbende und auch für deren Familien und Freunde.

Tilman Jens

DU SOLLST STERBEN DÜRFEN – WARUM ES MIT EINER PATIENTENVERFÜGUNG NICHT GETAN IST

Seit dem denkwürdigen Tag, als mir der traurige, letztlich hoffnungslose Zustand meines Vaters erstmals in aller Deutlichkeit bewusst wurde, sind beinahe zehneinhalb Jahre vergangen. Am Neujahrstag 2005 saßen wir im Intercity Express nach Köln mit Weiterfahrt nach Aachen. Dort sollte er einen Vortrag halten, einen kleinen Zwischenruf während des alljährlichen Neujahrskonzerts der Symphoniker. Beethovens Neunte! Er sollte extemporieren über die Freude, einen Zustand, den er eigentlich nicht mehr selbst kannte, schon zu diesem Zeitpunkt. Und nun saß er zittrig im Zug, sagte zu meiner Mutter: „Inge, rede du. Ich kann das nicht mehr." Auf der Höhe von Siegburg verlangte er nach Psychopharmaka.

Bis zuletzt war es unklar, ob er seinen Vortrag halten würde. Er war stark angegriffen, bereits an diesem ersten Januar 2005. Doch dann, wie abgesprochen, vor Beethovens Finale, trat er auf die Bühne, und auf einmal war alle Angst wie verflogen. Der damals bald zweiundachtzigjährige Rhetor erwachte und hielt seine letzte große oder größere Rede. Da schlüpfte er in die alte Pose, obwohl er eigentlich schon wirklich elend dran war, aber die Droge Publikum, die Droge Öffentlichkeit zeigte ein letztes Mal Wirkung. Danach schritt seine Demenz-Erkrankung in rasantem Tempo voran.

Achteinhalb Jahre später, am 9. Juni 2013, abends kurz nach halb zehn, rief mich meine Mutter an – sehr gefasst – und sagte nur: „Papi ist vor einer halben Stunde gestorben." Am Nachmittag hatten wir noch telefoniert. Sie sagte, er hätte einen leichten grippalen Infekt. Ich fragte: „Soll ich kommen?" Sie sagte: „Nein, da passiert jetzt nichts." Außerdem hatte ich mich doch, und das ist für mich ein ganz großes Geschenk, schon ein gutes halbes Jahr zuvor von ihm verabschiedet. Da hatte er einen leichten Schlaganfall. Man dachte, er würde, er könne in den nächsten Stunden sterben. Ich war gerade in Kassel und bekam noch den letzten Zug, um nach Tübingen zu fahren. Dort angekommen, habe ich mich in der Nacht an das Bett meines Vaters gesetzt und über Stunden mit ihm gesprochen. Ich habe ihm immer wieder gesagt: „Du darfst jetzt sterben", wissend, dass er kein Wort davon verstand. Aber es war mir unendlich wichtig – und damit hatte ich ein Stück abgeschlossen. Allein: Mein Vater, der im wahrsten Sinne des Worts ein gutes Herz hatte, hat auch diese Krise überlebt. Unsere Begegnungen danach waren irgendwie seltsam.

Seine Todesstunde gut sieben Monate später war merkwürdig. Meine Mutter, die nun wahrlich keine spirituelle Spökenkiekerin ist und sich noch auf einen kleinen Abendspaziergang gemacht hatte, berichtete später: „Auf einmal sah ich einen riesigen Regenbogen. Ich staunte, freute mich daran, kehrte zurück." Aber da eilte ihr schon Alois, der Mann seiner urschwäbischen Pflegerin entgegen und sagte, völlig aufgeregt: „Frau Jens, Frau Jens, machet se schnell, i glaub, Ihr Mo schnauft nemme." Er hatte aufgehört zu atmen.

Als ich vom Tod meines Vaters hörte, fuhr kein Zug mehr von Frankfurt nach Tübingen. Ich habe keinen Führerschein, ich habe nur eine Bahncard 100, eine Netzkarte. Ich hatte mit meiner Mutter besprochen, ganz früh am nächsten Morgen zu fahren. Also habe ich meine beste Flasche Rotwein aufgemacht. Ich war unendlich erleichtert. Der Satz von Jonathan Franzen kam mir in den Sinn. Auch der Vater von Franzen war an Alzheimer erkrankt. Der Sohn schreibt: „Als mein Vater seinen letzten Atemzug machte, hatte ich schon viele Jahre um ihn getrauert." Jetzt konnte ich einzig wohlige Freude, große Dankbarkeit empfinden.

Mein kranker Vater war tatsächlich gestorben. Nach neunjährigem, am Ende zunehmend qualvollem Leiden. Die letzten Stunden waren immerhin friedlich. Ein kurzer Fieberschub, dann war es vorbei. Sein Tod aber war so ganz anders, als er sich dies – auch in öffentlicher Rede – gewünscht hatte. Um zu zeigen, wie ich das meine, zitiere ich die knappe Eingangspassage aus meinem Buch über die Demenz meines Vaters:

„Eine angestaubte Videokassette, mit rotem Kuli beschriftet. Sterbehilfe – Papi 13. August 2001. Fernsehaufnahmen. Wir saßen am Neckar in einem Stocherkahn, der Hölderlinturm visa-vis, und unterhielten uns über die letzten Dinge. Ob ein

Mensch, zumal ein Christ, der unheilbar krank sei, von Schmerzen gepeinigt, nicht mehr er selbst, sich wirklich ergeben, in sein Schicksal fügen müsse, bis ihn Gott endlich erlöse. Oder ob es nicht doch ein Recht auf ein selbstbestimmtes Ende in Würde gebe. Ein Recht auf Euthanasie im ursprünglichen Sinne des Worts. Ein Recht auf einen schönen, gnädigen Tod. Die Sonne strahlte, und der damals Achtundsiebzigjährige, der sagte, er sei nicht mehr im Vollbesitz seiner Kräfte, war sich seiner Sache ganz sicher. Auf dem unter der großen Trauerweide vertäuten Kahn hat er den freundlichen Tod beschworen, den ein Mensch, der auf keine Heilung mehr hoffen kann, mit Fug und Recht ersehne. Dem sollte ich im Zeichen der Liebe helfen können. Immer wieder hat er, leger im weißen Hemd, auf den Arzt Max Schur verwiesen, der den todkranken Sigmund Freud mit einer Überdosis Morphium von seinem qualvollen Krebsleiden erlöste. Freud wusste, einer wird dir beistehen. Wir könnten nun endlich viel gelassener leben, wenn wir wüssten, ein Arzt oder eine Ärztin wird dir helfen, den kleinen Übergang erleichtern. Und dann hat er, höchst entspannt, mit einem Lächeln hinzugefügt, dass er im Fall eines Falles auch einen Max Schur habe, der, wenn es so weit ist, aus Nächstenliebe dem Willen seines Patienten folgen wird. Es ist düster und kalt, als ich mir das Band mit unserem Gespräch Jahre später noch einmal ansehe. Meine letzte Frage damals hatte ich lange vergessen, den Einwand, Freud habe Rachenkrebs, unerträgliche Schmerzen gehabt, was aber wäre, wenn du Alzheimer hättest? Darf das ein Sohn fragen? Ich durfte. Und mein Vater war in seinem Element. ‚Wenn die Autonomie des Menschen nicht mehr im Zentrum steht, wenn ich nicht sagen kann, Tilman, du siehst selbst, es ist an der Zeit, ich sage mit dem Mann da oben‘ – er meinte nicht Gott, sondern den Dichter des Hyperion, der in seinem goldgelben Neckarturm fast vierzig Jahre lang dem Tod entgegendämmerte – ‚ich sage mit Friedrich Hölderlin, April, Mai und Junius sind ferne, ich bin nichts mehr, ich lebe nicht mehr gerne, dann möchte ich das mir von Gott geschenkte Leben zurückgeben.‘ Was ihm Angst machte, war die Vorstellung einer unheilbaren Krankheit, einem endlosen Siechtum wehrlos ausgeliefert zu sein. ‚Ich will sterben, nicht gestorben werden.‘"

In seinem Buch „Menschenwürdig sterben", das er mit seinem Freund Hans Küng zusammen schrieb, hat mein Vater dieses Credo präzisiert:

„Darf ich nach einem selbstbestimmten Leben nicht auch einen selbstbestimmten Tod haben, statt als ein dem Gespött preisgegebenes Etwas zu sterben, das nur von fern her an mich erinnert? Und dieses letzte Bild wird bleiben und überdauert für die Nachfahren auf lange Zeit die Impressionen, da ich ein ‚Ich' und kein ‚Es', ein denkendes Wesen und kein zuckendes Muskelpaket war, kein Drahtmensch, sondern ein Wesen, dessen Stolz vielleicht in seiner Schwäche bestand – aber einer bedachten und eingestandenen Schwäche" *(Walter Jens, in: Jens/Küng: Menschenwürdig sterben, 1995)*.

Es ist bekannt, dass mein Vater nicht den Weg in den Freitod gewählt hat. Ich meine aber, an der Wichtigkeit, ja an der Richtigkeit seiner zum Teil zusammen mit dem Theologen Hans Küng aufgestellten Thesen ändert das nichts. Umfragen belegen: Das Gros der Bevölkerung ist bereit, den Ansichten der beiden zu folgen. Ich darf daran erinnern, vier Fünftel aller Deutschen sind für die Legalisierung von aktiver Sterbehilfe. So der ARD-Deutschland-Trend vom Herbst 2014.

Mancher Vertreter der Kirchen fürchtet angesichts dieses Plebiszits ein weiteres Abschmelzen der eigenen Pfründe. Bei allem Respekt vor der großartigen Arbeit der Seelsorger und Krankenhauspfarrer: Die Vertreter der Kirchen sollten sich aus diesem Thema besser heraushalten. Die Entscheidung über den eigenen Tod ist Privatsache des Sterbenden. Sterbende gehören niemandem – und schon gar nicht einer Institution, die sich nicht zuletzt durch die Verbreitung von Angst am Leben hält (die Existenz des Fegefeuers ist im gültigen Katechismus festgeschrieben). Und auch wir Protestanten tun uns ja bisweilen schwer mit dem Freitod, der immer noch als Selbstmord denunziert wird. Sterbende aber sind keine Mündel der Kirche. Sterbende sind zuallermeist verdammt elend dran – und sollten wenigstens ein Recht darauf haben, sich ihre Begleiter, die Helfer in der letzten Stunde, frei zu wählen. Den Partner, die Familie, den Palliativmediziner und natürlich, wenn es dem freien Willen entspricht, auch den Pfarrer. Oder in begründbaren Ausnahmefällen eben einen barmherzigen Arzt, der sich der Hilfe beim Suizid nicht verweigert. Wobei klar sein muss, dass kein Arzt zu dieser Handreichung gezwungen werden darf. Aber standesrechtlich verfolgt werden darf er eben auch nicht. Frei heraus gesagt: Ich halte das Ansinnen, den ärztlich assistierten Suizid unter Strafe zu stellen, für schändlich.

Noch einmal, mein Vater ist einen anderen Weg gegangen, aber darin liegt – und das ist mir wichtig – aus meiner Sicht nicht der geringste Widerspruch.

Er hat ja nicht gefordert, jeder, der eine bestimmte Krankheit hätte, müsse diesen Weg gehen. Er hat gefordert, dass jeder das Recht haben müsse, frei über das Ende seines irdischen Daseins zu entscheiden. Und das ist meines Erachtens ein gewaltiger Unterschied. Darum empören mich all die Versuche, meinen Vater nun posthum zum Kronzeugen gegen seine eigenen Thesen machen zu wollen und den assistierten Suizid mit dem biblisch verankerten Tötungsverbot zu verdammen. Das fünfte Gebot aber lautet: Du sollst nicht morden! Nicht: töten, sondern: morden. Zum Tatbestand des Mords allerdings gehören stets niedere Motive. Die sind Max Schur – und all den Ärzten, die ihm folgten – mit Gewissheit nicht zu unterstellen.

Auch einigen Schriftstellerkollegen meines Vaters wäre einiges erspart geblieben, wenn ihnen Mediziner ein würdiges Sterben, einen vergleichsweise guten Tod ermöglicht hätten. Wolfgang Herrndorf, der unrettbare Glioblastom-Patient, hätte sich nicht einsam und allein am Ufer des Berliner Hohenzollernkanals erschießen müssen. Für den alten, mir ganz gut bekannten Sachsen Erich Loest, den lebenssatten, fintenreichen Kämpfer gegen das DDR-Unrecht, der sich aus einem Fenster des Leipziger Klinikums stürzte, gilt das Gleiche. Warum haben sie nicht unblutig sterben dürfen? Und was meinen Vater betrifft, der war, als er 2005 krank und kränker wurde, heilfroh, dass sein Arzt ihm immer wieder zugesagt hat, dass er zu seinem Versprechen stehen werde. Ich habe das hautnah erlebt. Bei einem längeren Gespräch bat mich mein Vater: Frag doch noch mal bei meinem Arzt – ich nenne ihn in meinem Buch Dorfmüller –, frag doch noch mal bei Dorfmüller nach, ob er denn wirklich zu seinem Wort steht. Das war ein makabres Gespräch irgendwie. Der Arzt und ich trafen uns in einem grausamen Café am Tübinger Bahnhof, und wir redeten. Und dann, am

Ende, sagte er: „Ja, wenn es tatsächlich so weit ist, noch sind wir nicht an diesem Punkt, aber ja, ich werde ihm helfen." Dann ging ich nach Hause und erzählte meinem Vater das. Und mein Vater, vorher verängstigt, guckte mich freundlich, fröhlich und gelassen an und sagte: „Das ist gut, aber es muss ja nicht gerade heute oder morgen passieren."

Schon die tröstliche Aussicht, dass Doktor Dorfmüller zu seinem Wort stand und als Ultima Ratio den Suizid meines Vaters begleitet hätte, konnte offensichtlich Wunder bewirken. Wenn es aber eben diesen Trost nicht gibt, wenn kein gnädiger Arzt in Sichtweite ist, verlängert das bisweilen nicht das Leben des Schwerkranken, sondern verkürzt es. Im Jahr 2003 habe ich für die ARD eine Dokumentation gedreht und einen etwa 50-jährigen Mann aus Halle an der Saale auf seiner letzten Reise zur Schweizer Sterbehilfe-Organisation „Dignitas" begleitet. Der Mann, Frank Coiffier sein Name, war an einer unheilbaren Multi-System-Atrophie erkrankt, aber er hätte noch nicht sterben müssen. Doch er hatte das Gefühl, wenn ich mich nicht jetzt, solange ich noch ein bisschen Kraft habe, auf den Weg mache, dann ist es zu spät. In Zürich wurde er von Ludwig A. Minelli mit kalter Routine erwartet. Der hielt so ein Pappschild in den Händen, auf dem der Name Minelli stand. Dann wurde ein dreistündiges Prozedere abgespult. Ein Arzt rückte an, aber kein Experte, sondern ein siebzigjähriger Kinderarzt, der dem Todeswilligen bestätigte, er sei noch bei Trost. Dann hat er dieses Rezept ausgefüllt. Mit dem Kürzel, das ich nie vergessen werde, „dos let", also Dosis letalis. Dann ging Frank Coiffier mit Frau und Tochter, die ihn begleiteten, in die Apotheke. Danach in die Sterbewohnung des Dignitas-Vereins. Coiffier wurde noch gefragt: Stört es Sie, wenn der Trank bitter ist, sollen wir etwas Orangensaft beigeben? Er schluckte das Gift pur. Der Todeskampf währte drei Stunden.

Mein Vater hätte andere, humanere Optionen gehabt, gewiss. Und er hat sie dennoch nicht genutzt. Die Frage nach dem *Warum* beschäftigt natürlich auch mich bis heute. Hans Küng, sein Freund und Mitstreiter, wenn es um das Recht des autonomen Todes ging, hat in seiner Reflexion „Glücklich sterben", erschienen 2014, die These aufgestellt, sein Freund habe tragischerweise den richtigen Zeitpunkt verpasst, den einst in einer gemeinsamen Vorlesungsreihe beschworenen selbstbestimmten, würdigen Freitod zu sterben. Ich denke, die Gründe liegen ein wenig tiefer.

Mein Vater, da bin ich sicher, hat sich, als es unaufhaltsam bergab ging und die Aussetzer stärker und stärker wurden, nichts mehr gewünscht als den Tod. Aber sterben wollte er nicht. Zu tief saß bei ihm, der von Kindheit an von schweren asthmatischen Anfällen geplagt war, die Angst zu ersticken, die Angst, nicht mehr atmen zu können. Und dann gibt es da, glaube ich, noch etwas. Es gibt einen ganz fundamentalen Unterschied zwischen Hans Küng und meinem Vater, bei aller Nähe in den theologischen und ideologischen Positionen. Hans Küng ist sich bei aller Vatikanferne bewusst, da kommt noch etwas. Da gibt es ein Leben nach dem Tod. Küng ist ein glaubenssicherer Mann, fest in der Vorstellung vom Jenseits verhaftet. Am Ende seines Traktats „Glücklich sterben?" steht ein Gebet voller Gottvertrauen – „ohne Sorge und Angst, was meiner noch wartet".

Mein Vater hatte diese Jenseits-Gewissheit nicht. Er hat in dieser Frage immer wieder seinen Freund, den großen alten Philosophen Ernst Bloch, zitiert, der – schon weit über neunzigjährig – von einem Fernseh Interviewer gefragt wurde: „Herr Professor, glauben Sie denn nun an ein Leben nach dem Tode?" Darauf Bloch: „Also wissen Sie, in dieser Frage möchte ich mich gerne auf ein kleines peut-être festlegen." Also auf ein kleines *vielleicht*. Und diesen Zweifel hatte mein Vater mit Gewissheit auch. Über diesen Zweifel, diese Ambivalenz hier noch eine winzige Passage:

„Zwei Tage nach Neujahr 2007 – im Wohnzimmer riecht es nach Äpfeln, die am Tannenbaum hängen – rafft er sich noch einmal auf. Keine Larmoyanz in der Stimme zum ersten Mal seit Wochen, sondern beinah schon eisige Klarheit. ,Ihr Lieben, es reicht. Mein Leben war lang und erfüllt. Aber jetzt will ich gehen.' Meine Mutter und ich widersprechen ihm nicht. Aus seiner Sicht hat er doch Recht. Also nur keinen süßlichen Trost mehr. ,Walter ich kann dich verstehen.' Ich nicke, sprechen mag ich nicht. Reiß dich zusammen, keine Tränen, nicht jetzt! Nun ist der Zeitpunkt doch noch gekommen. Wir werden also meinen Bruder Christoph in Köln anrufen und ihn bitten, sich einige Tage frei zu nehmen. Minuten sitzen wir da ohne ein Wort. Dann, auf einmal, lächelt mein Vater und sagt: ‚Aber schön ist es doch!' Ein tiefer Seufzer. Dann fallen ihm die Augen zu.

‚... aber schön ist es doch': Redet so einer, der zum Sterben entschlossen ist? Meine Mutter, mein Bruder und ich sind uns einig, das Mandat, ihm aktiv beim Sterben zu helfen, ist in dieser Sekunde erloschen. Ein ‚Zwar-ist-es-schrecklich-aber-schön-ist-es-manchmal-noch-immer' ist keine Grundlage, um einen schwerkranken Mann aus der Welt zu schaffen. Solange er noch einen Hauch jener Freude verspürt, die er einst als das zentrale Lebenselixier beschrieb, und vor allem keine physischen Schmerzen ertragen muss, kann ich ihm seinen Todeswunsch, den er hat – aber eben auch nicht! – schwerlich erfüllen. Ich darf es nicht tun. Nicht einmal helfen. Ich habe Glück gehabt und bin unendlich erleichtert."

Denn ich hätte es getan. Ich habe meinem Vater 2005 auf einem Spaziergang versprochen, ihm, wenn es keinen anderen Weg gäbe, zu helfen. Ich habe mir das oft und sehr konkret vorgestellt. Das Szenario hat mich bis in die Träume hin beschäftigt. Nach Neujahr 2007 fühlte ich mich von meinem Wort entbunden.

Ein Happy End? Leider keineswegs. Denn mein Vater hat nicht nur ein Buch und viele Statements zum Thema Sterbehilfe verfasst. Er hat auch – und dies sogar beim Notar – eine Vorsorgevollmacht und eine Patientenverfügung hinterlegt. Genutzt hat ihm das wenig. Und das ist die bittere Pointe.

Die großen ideologischen Debatten, die diesen Herbst 2015 prägen werden, sind das eine: Wem gehört der Tod, was ist selbstbestimmtes, würdiges, ja gutes Sterben? Und wer hat darüber zu wachen? Alles elementare Fragen! Der Teufel aber steckt im Detail. Mein Vater, da war ich mir sicher, hatte alles geregelt, wenn auch in letzter Minute. Im August 2006 hat er, schon lange nicht mehr im Vollbesitz seiner Kräfte, auf inständiges Drängen meiner Mutter eine Erklärung über seine „Werte, Wünsche und Hoffnungen" abgegeben. In ihr ist fixiert, dass er ärztlichen Beistand nur erbittet, „solange eine Aussicht auf Heilung besteht oder eine Behandlung möglich ist, die mir Lebensfreude und Lebensqualität erhält". Er hat sich jeglichen

Anschluss an die Apparatemedizin explizit verbeten, „wenn ich länger als sechs Wochen geistig so verwirrt bin, dass ich nicht mehr weiß, wer oder wo ich bin". Sollte dieser Fall eintreten, „dann verlange ich, dass alle medizinischen Maßnahmen unterbleiben, die mich am Sterben hindern". Ein Jahr später schon konnte er seinen Namen nicht mehr schreiben.
Alles war geregelt. War es das wirklich? Im Sommer 2007 – meine Mutter war nach einer komplizierten Hüftoperation in der Kur – stürzt er nachts die Treppe herunter. Mit schweren Kopfverletzungen wird er auf Alarmruf seiner Pflegerin in die Neurologie transportiert. In seiner Patientenverfügung hatte er sich jegliche freiheitsberaubenden Maßnahmen verbeten. Nun aber wird er ans Intensiv-Bett gefesselt. Er reißt sich die Schläuche heraus. Sein damaliger Hausarzt, der in die Klinik eilt, sagt mir: „So wollte Ihr Vater niemals leben. So wollte er niemals sterben." Nach dreißig Stunden hat der Arzt mit Hilfe des Anwalts meinen Vater dann wieder frei gekriegt. Er wurde entfesselt. Aber möglicherweise hätte er schon damals sterben dürfen. Ich gebe sofort zu, das ist ein Grenzfall. Es war schwierig, richtig zu handeln. Was zählt mehr, die akute Unfallversorgung oder der Wille eines ja irreversibel Erkrankten?
Von den Folgen des Sturzes hat er sich nie wieder wirklich erholt. Und die Demenz schritt mit großer Macht voran: Er konnte sich kaum noch artikulieren. Aber ein Stück Lebensqualität, das schützenswert ist, schien ihm geblieben. Gewiss: Mein Vater war nun ein ziemlich anderer. Schriftsteller, Denker und Rhetor ade! Im Winter 2008/2009 habe ich diesen Veränderungsprozess, der Abschied und Aufbruch zugleich war, am Ende meines Demenz-Buches beschrieben:
„Der Vater, den ich kannte, der ist lang schon gegangen. Der Abschied [...] war bitter und hat wehgetan. Aber jetzt, da er fort ist, habe ich einen ganz anderen Vater entdeckt, einen kreatürlichen Vater – einen Vater, der einfach nur lacht, wenn er mich sieht, der sehr viel weint und sich Minuten später über ein Stück Kuchen, ein Glas Kirschsaft freuen kann. Was war das für eine Feier, am 8. März 2008, als er fünfundachtzig wurde! Bei früheren Wiegenfesten wurden Reden geschwungen, Professoren-Kollegen zitierten griechische Verse und überreichten Sonderdrucke. Jetzt rücken die Freunde mit Fresskörben an,

gewaltigen Schinken, Pralinen, Schokoladenhasen und reich-
lich selbstbemalten Ostereiern. Vierzig Gäste freuen sich an
Margits – das ist die Pflegerin – Schinkenhörnchen. Und mit-
tendrin mein rundum heiterer Vater.

Und wenn er nicht gerade Geburtstag hat, dann macht er
nachmittags mit seiner Betreuerin und ihrem Freund eine kleine Landpartie, zu Margits Bauernhof nach Mähringen. Einmal,
November 2008, haben sie mich mitgenommen. Er ist gut
beieinander. Hier kennt er sich aus. Caro, der Wachhund, bellt
zur Begrüßung. Für Momente ist er so klar, wie ich ihn seit
einem Jahr nicht erlebt habe. ‚Tja, Tilman, jetzt bist du woan-
ders.' Wann hat er mich das letzte Mal beim Namen genannt?
Er zeigt auf das Ende des Stalls. Ich solle mitkommen. Da sind
die Kaninchen. Er ist aufgeregt wie ein Kind. Er nimmt sich
Grün und ein paar Karotten. Ich traue meinen Augen nicht.
Mein Vater füttert Karnickel! Er, der Asthmatiker, der früher
Tiere hasste – und mir aus Angst vor Haaren die Anschaffung
selbst eines Hamsters verbot.

Wir sitzen am Tisch der guten Stube. Die Stallburschen erwar-
ten ihn schon. ‚Jetzt kommt der Walter.' Eine Großfamilie bei
Kaffee und gelbem Sprudel. Auf dem Fenstersims liegt eine
Fibel für Schulanfänger. ‚Das Leben auf dem Bauernhof.' Mein
Vater lernt lesen. ‚Was ist das? Das ist ein Pferd.' Er hat Spaß,
nimmt die Limo-Flasche. Er versucht, das Etikett mit den gel-
ben Buchstaben zu entziffern. Er strengt sich an. O-ran-gen...
das Wort Limonade schafft er nicht mehr. Ich möchte weinen.
Er aber fühlt sich wohl. Was an Margit, aber auch an dem vielen
Spielzeug, den Malbüchern, der bunten Kinderknete liegt, die
sie ihm vom Dachboden geholt hat. Mein Vater geht ins Ne-
benzimmer. Als er zurückkommt, hat er eine große Puppe im
Arm. Er hält sie ganz vorsichtig, wiegt sie. Das Plastikbaby
sagt: ‚Mama'.

Als er zurück ist in Tübingen, wird er meiner Mutter erzählen:
‚Caro ist der beste ...'"

Doch die beinahe schon idyllische Momentaufnahme ist trüge-
risch. Denn als sie entstand, hatte mein Vater noch fast fünf
Jahre zu leben. Und diese Jahre, vor allem die letzten drei,
waren grausam. Er verstummte vollends. Er verlernte das Gehen. Er saß hilf- und orientierungslos im Rollstuhl. Er hatte

schmerzende Wunden, die ihn plagten. Er verfiel mehr und mehr und war letztlich sterbenskrank. Konkret erinnere ich mich an vier Lungenentzündungen. Sie wurden mit Antibiotika niedergekämpft. Er durfte einfach nicht sterben. Ein Zeh starb ihm ab. Er wurde ins Krankenhaus verfrachtet. Der böse Zeh wurde amputiert. Auskunft der Ärzte: Sonst drohe eine Sepsis und man müsse gar das ganze Bein amputieren.

Ich denke, wenn wir die Ethik der letzten Dinge verhandeln und fragen, wie denn ein gutes Sterben ausschauen könne, dann gibt uns das traurige Ende meines Vaters, der systematische Verstoß gegen seine Patientenverfügung, zu denken. Einiges mag speziell sein an diesem Fall. Mein Vater hatte, ich habe es ja angedeutet, zunächst das große Glück einer privaten Pflegerin. Eine Bäuerin von der Schwäbischen Alb. Die ökonomischen Möglichkeiten waren dank der Thomas-Mann-Bücher meiner Eltern vorhanden. Margit, die Pflegerin, wurde schon bald quasi rund um die Uhr eingestellt. Mit ihrem Lebensgefährten hat sie ihn versorgt. Das war am Anfang auch ganz wunderbar. Die Situation auf dem Bauernhof hatte viel Großes. Aber natürlich ließ sich die Erfüllung des Anfangs nicht halten. Er wurde schwach und schwächer – und die Pflegerin hatte mittlerweile schon lange keine professionelle Distanz mehr. Sie wollte, sie konnte den ihr anvertrauten Mann nicht loslassen. Dazu kam natürlich auch der ökonomische Aspekt. Sie hat sich fürstlich entlohnen lassen, immer wieder Nachschläge verlangt. Ich nehme ihr das nur bedingt übel. Aber das ist schon ein großes Problem. Ganz so, wie ich es in meinem Buch geschildert habe: hier der Horror des Heimes und dort der Segen der Privatpflege, nein, ganz so sehe ich das nicht mehr.

Das Nicht-loslassen-Können führte zu kuriosen, aber letztlich bitteren Szenen. Diese Bäuerin, eine vitale Frau, hatte mit der letzten Ärztin meines Vaters – die Ärzte wurden gewechselt – ein recht inniges Verhältnis. Das äußerte sich zum Beispiel darin, dass sie die Ärztin mit frischen Eiern von ihrem Hof belieferte und im Gegenzug vorsorglich ausgestellte Rezepte für Antibiotika bekam. Sie hat ihm, und das hat die Pflegerin in einem Interview mit *Focus* ausdrücklich bestätigt, über Jahre Antibiotika „ins Essen geschummelt". Er durfte nicht sterben.

Der Fall meines Vaters mag speziell sein, hat aber auch viel

Allgemeingültiges. Meiner Mutter ist gewiss kein Vorwurf zu machen. Sie selbst hat unter der Situation gelitten, aber sie war natürlich überfordert. Man stelle sich das vor: Da kriegt der Mann Fieber, du merkst: Da ist eine Lungenentzündung im Anmarsch. Und sagst dir: Der Mann, mit dem ich sechzig Jahre verheiratet bin – wenn ich ihm jetzt die Drops gebe, dann lebt er weiter. Dann wacht er auf. Sonst stirbt er, möglicherweise mit Schmerzen. Und Sterben ist niemals schön. Was soll ich tun? Soll ich ihm jetzt die Dinger verweigern, von denen die Ärztin sagt, sie linderten letztlich nur seine Beschwerden? Ich denke, da lastet viel zu viel Entscheidung auf den Angehörigen. Das müssen Teams bewerkstelligen. Patientenverfügungen sind wichtig, aber sie reichen nicht aus! Sie müssten vermutlich mit Teams, mit Freunden, mit Kollegen, mit Ombudsleuten besprochen werden, die, wenn es ernst wird, mit in den Sterbeprozess einzubinden sind. Dem Nächsten allein ist die oft rasch zu treffende Entscheidung kaum zuzumuten.

Ich habe mich in vielen Pflegeeinrichtungen umgehört. Immer wieder wird mir bestätigt: Es gibt ungemein viele Angehörige, die in ihrer Not anfangen, am Leben des Todgeweihten zu klammern. Die nicht loslassen können, die hilflos um sich schlagen und die Ärzte unter Druck setzen. „Irgendwas müssen Sie jetzt bitte tun, sonst zeige ich Sie an." Die sich die Lage nach ihrem Gusto zurechtbiegen: „Also als er das abgefasst hat, da war er in einem ganz anderen Zustand." Oder: Er hat sich das eben nicht recht vorstellen können. In der vorliegenden Verfügung ist gerade dieser nun vorliegende Sonderfall nicht geregelt. Mein Vater etwa hatte sich die lebensverlängernde Gabe von Antibiotika nicht ausdrücklich verbeten.

Was folgt daraus? Gewiss die Erkenntnis, dass Patientenverfügungen so präzise wie möglich abzufassen sind. Multiple Choice reicht nicht. Aber das ist eine Binsenweisheit. Natürlich lässt sich das perfektionieren. Man kann sagen, Antibiotika nicht. Man kann einschlägige Formulierungshilfen bei Wolfgang Putz nachlesen. Es gibt da sicher sehr präzise, sehr gute Textvorschläge. Aber ich denke, damit allein ist es nicht getan. Wir brauchen weit mehr. Wir können das Problem des Sterbens – und das ist meine ganz persönliche Erfahrung – nicht vorrangig an Pfleger, an Ärzte, an Sterbehelfer, an Gottesmänner oder gar an den Gesetzgeber delegieren. Die benötigen wir auch – aber alleine werden sie es kaum richten. Was nottut, das ist das freimütige Gespräch in den Ehen, in den Familien, in den Patchwork-Beziehungsgeflechten. Patientenverfügung schön und gut. Aber die wurde auch in unserer diskursfreudigen Familie flugs zu den Akten gelegt und im heimischen Tresor verwahrt. Ich denke, letztlich wussten auch wir nicht, was mein Vater im Endeffekt – konkret: im Sterbebett, nicht am Katheder! – wirklich wollte. Er hat gesagt, ich will, wenn das und das geschieht, tot sein. Er hat gesagt, wenn ich im Rollstuhl sitze, will ich nicht mehr weiterleben. Auch wenn ich inkontinent werde ... Aber wie ernst er das meinte, wussten wir nicht. Das ist ja auch schwierig.

Mir fällt dazu immer eine Geschichte ein. Ich hatte das große Glück, mit dem grandiosen Zeichner Horst Janssen recht gut bekannt zu sein. Janssen stürzte eines Tages, da war er schon weit über sechzig, mit Säure – er hatte gerade Radierungen angefertigt – von seinem morschen Balkon hinunter. Die Säure kam ihm in die Augen. Er konnte nichts mehr sehen. Er kam ins Krankenhaus, wurde gelasert, konnte dann wieder etwas sehen. Nicht ganz so viel wie früher, aber doch noch ausreichend, um weiterzuleben. Um weiter zu zeichnen. Wenige Wochen später hat er mir in einem Fernsehinterview gesagt: „Weißt du, vor dem Unfall hatte ich keinen Zweifel: Wenn ich blind bin, dann will ich nicht mehr leben. Aber als ich da nun auf einmal unten lag, war ich mir meiner Sache auf einmal nicht mehr so sicher."

Aber eben weil diese „Sache", um mit Horst Janssen zu sprechen, so komplex und vielschichtig daherkommt, ist zu Lebzeiten ein ebenso genauer wie ungemütlicher Diskurs über das Sterben vonnöten. Es bedarf, das mag auf den ersten Blick banal klingen, einer ganz neuen Gesprächskultur zwischen den Nächsten. Ich bin vor zwei Jahren, als ich einmal unbedingt auf der Route der alten Emigranten mit einem Schiff von Europa nach Amerika übersetzen wollte, allein auf einem Ozeandampfer von Rom über Lissabon nach New York gefahren. Die Tour dauerte zwölf Tage. Da sah ich nun all die alteingespielten Paare einander gegenübersitzen, die kaum ein Wort miteinander wechselten. Ich bin sicher, die haben auch nie über die

Umstände ihres eigenen Sterbens gesprochen. Das dürfte sich in nicht allzu ferner Zukunft rächen.

Wenn wir die Qualität des Sterbens verbessern wollen, dann müssen wir so viel wie möglich über die Wünsche und Werte unseres Nächsten wissen. Wir müssen Neugier entwickeln für die letzten Dinge. Und das nicht nur, wenn das Ende der Tage in Reichweite ist. Eine auch im Gespräch geprüfte Patientenverfügung ist da allenfalls ein zarter Anfang. Wie wäre es zum Beispiel, das Eheversprechen „bis dass der Tod euch scheidet" ungewohnt wörtlich zu nehmen? Als Ermunterung zu einem existenziellen, intimen und immer wieder neu zu beginnenden Gespräch. Wie willst du, wie wollen wir sterben?

II.
ANTWORTEN UND ERWIDERUNGEN

THEOLOGIE

Magnus Striet

LEBEN UND TOD IN GOTTES HAND?

Über Jahrhunderte war theologisch entschieden, was Suizidanten seien, Sünder. So war es nicht einmal eine Erwägung wert, ob man nicht doch ein Seelenamt für sie lesen solle. Wer sich selbst das Leben nahm, da war man sich sicher, war der ewigen Verdammnis anheimgefallen. Die Zeiten dieser Theologie sind vorbei. Wer sich suizidiert, wird heute pathologisiert, was heißt: Es wird einem Menschen, der seinem Leben ein Ende setzt, unterstellt, nicht mehr „Herr im eigenen Haus" (Sigmund Freud) zu sein. Überhaupt ist ja zu beobachten, dass man zu einem theologiestrategischen Entspannungsmittel greift, dass da nun lautet, Pathologisierung der Phänomene, anstatt in der Geschichte eingenommene Positionen zu überdenken. Damit wird von vornherein ausgeschlossen, dass eine Selbsttötung möglicherweise zwar nicht von Gott (immer vorausgesetzt, er – und d. h. er, der *freie* Gott – existiert überhaupt) gewollt ist, aber: dass er sie auch nicht verurteilt, sondern sie dem Menschen als radikalste Möglichkeit der Selbstbestimmung einräumt. Darin wird meine These liegen, und das heißt auch: Die klassisch von der Theologie aufgesuchten Gründe gegen die Selbsttötung halte ich für wenig tragfähig. Meines Erachtens gibt es nur ein philosophisches Argument gegen diese Möglichkeit, und auch dies Argument gilt nur sehr relativ – markiert vor allem eines, nämlich ein ethisches Dilemma. Ich komme darauf zurück.

Ein Weiteres einleitend vermerkt: Faktisch reden wir über eine nur sehr begrenzte Zahl von Menschen, die den Suizid als selbstbestimmten Schlussstrich unter dieses Leben erwägen. Immer wieder ist zu hören, es sei doch vor allem die Angst vor dem Altern und dem Prozess des Sterbens, die eigentlich im Hintergrund dieser Diskussion stehe. Das ist sicherlich zu einem Gutteil richtig, und deshalb muss auch das primäre politische

Ziel darin bestehen, medizinisch-palliative Strukturen so auszubauen, dass Menschen sich begleitet und fürsorglich aufgehoben wissen in diesem letzten Abschnitt ihres Lebens. Aber
selbst wenn angesichts des Wissens um fürsorgliche und medizinisch intensive Begleitung bei vielen Menschen die Angst vor
dem Sterben eindämmbar sein dürfte und – wenn sie darauf
vertrauen können – der zuvor geäußerte Wunsch nach einem
aktiven Sterben dann in den Hintergrund tritt, so ist damit noch
nicht gesagt, dass es nicht doch Menschen gibt, die aufgrund
des Wissens darum, schließlich zur reinen Passivität verdammt
und möglicherweise nicht mehr Herr des eigenen Bewusstseins
zu sein, aktiv in den Tod gehen wollen. Auf diese zahlenmäßig
kleine Gruppe von Menschen richte ich meine systematischen
Überlegungen und werde – trotz der Logik meiner Überlegungen, die keineswegs die moralisch-ethische Legitimität des
Suizids einfach verneint – ein heftiges Plädoyer gegen eine
organisierte Sterbehilfe richten.

I.

Die immer wieder vorgetragene theologiebasierte Argumentation gegen den Suizid hat ihren Focus in einem Recht Gottes
am Menschen. Als Geschöpf dürfe der Mensch das Geschenk
Gottes schlechthin an ihn, nämlich sein zu dürfen, nicht zurückgeben. Eben dies täte er aber, wenn er seinem Dasein die
physiologische Grundlage entziehen würde. Deshalb gehöre
die Selbsterhaltung zur „Natur" des Menschen. Eine Ausnahme
kann dann nur das Martyrium um Gottes willen darstellen.
Wie auch in anderen moraltheologischen Debatten zu beobachten, wird der Naturbegriff hier allerdings äußerst problematisch gebraucht. Gearbeitet wird mit essentialistischen
Bestimmungen, die aber am Wesentlichen dessen, was
Menschsein ausmacht, vorbeigehen. Karl Löwith hat einmal
bemerkt, dass sich der Mensch zwar wie der Hund nicht selbst
ins Dasein gesetzt habe. Seit jeher versucht sich der Mensch ja
vom Tier abzuheben, und Differenzbestimmungen – eine alte
logische Regel – funktionieren nur auf der Basis einer gemeinsamen Ausgangsbestimmung. Ins Dasein gesetzt haben sich

weder Hund noch Mensch, beide sind ins Dasein geworfen, aber, so Löwith: Während der Hund neben seinem toten Herrn verende, könne der Mensch seinem Dasein deshalb selbstbestimmt ein Ende setzen, weil er nicht einfach existiere, sondern in Distanz zu sich bestehe.

Eben dies macht die Natur des Menschen aus: Nicht mehr symbiotisch mit der Natur zu existieren, auch nicht mit sich, sondern als gespaltenes und in allen seinen Akten nochmals auf sich selbst zurückbezogenes Bewusstsein. Um sich selbst in allem wissend, sich in allem auch nochmals zu sich selbst verhalten zu können, aber auch zu müssen, hat für den Menschen alles seine Selbstverständlichkeit verloren. Selbst leben zu wollen ist dann nicht mehr selbstverständlich. Der allem Organischen innewohnende Selbsterhaltungstrieb ist für den Menschen überwindbar, auch wenn dieser Trieb zu den maßgeblichen seiner Existenz gehört. Das Wollen der eigenen Existenz kann überlagert werden durch ein Gefühl der Leere, eines Nicht-mehr-Wollens angesichts dessen, was das Bewusstsein als Gefühl bestimmt und was von der Zukunft noch zu erwarten ist. Wer hier pathologisiert, d. h. sagt, eine solche Überlagerung sei krankhaft, muss wissen, was er tut: Letztlich spricht er dem Menschen ab, angesichts der biografisch aufgekommenen Not mit der eigenen Existenz noch frei zu sein. Dies würde auch für Sterbewillige gelten, die sich dem Sterbeprozess und möglicherweise auch einem die Erfahrung von Sinnhaftigkeit entleerenden Alterungsprozess nicht einfach ausgeliefert sehen wollen. Dass ein solcher Prozess von einer tiefen Melancholie begleitet ist, dürfte selbstverständlich sein. Und nur allzu schnell greift an dieser Stelle wieder die übliche Logik, ein melancholisch durchsetztes Bewusstsein zu pathologisieren, ihm seine Normalität zu nehmen und es therapeutisch behandeln zu wollen.

Aber was überhaupt meint im Bereich des psychischen Erlebens der Terminus „krank"? Gilt es nicht, das Recht darauf, melancholisch sein zu dürfen, vor dem psychiatrischen und damit pathologisierenden Zugriff zu retten? Und gilt es deshalb nicht auch, die Freiheit angesichts der radikalsten Möglichkeit zu retten, die der Mensch hat? Es ist zu billig, darauf zu entgegnen, dass womöglich im Moment dieser Entscheidung, nicht mehr weiterleben zu wollen, nicht alles überblickt werde oder aber auch das Gemüt verstimmt sei, gegen das Gefühl einer entleerten Zukunft und erst recht gegen den physischen Schmerz doch etwas getan werden könne, es bestimmt wieder anders werde. Menschliche Freiheit ist immer relativ; sie ist ihrem Wesen nach nicht die eines Gottes, die nur als absolute zu denken ist. Und von daher kann sie nur vom Jetztpunkt aus urteilen; sie kann in ihre Entscheidungen die Erfahrung einbeziehen, dass sich das Empfinden wandelt und der Horizont sich auch wieder lichtet, aber: Darüber kann man ihr nicht absprechen, dass es die Jetztzeit und deren Erleben ist, die maßgeblich für sie ist. Und dies gilt auch für die Entscheidung, ob in Freiheit dem Leben ein Ende gesetzt wird oder nicht. Zumal im Fall eines vorangeschrittenen Krankheitsprozesses oder gar in die Situation eines unvermeidlich baldigen Todes das Argument entfällt, dass die Zukunft möglichweise ein anderes Erleben des Lebens verheißt.

An dieser Stelle könnte man einwenden, dass der mögliche Gott der menschlichen Freiheit eine normative Grenze gesetzt hat, die darin besteht, nicht Hand an sich selbst legen zu dürfen. Aber erstens müsste man dann Einblick in den normativen Willen Gottes haben. Diesbezüglich sind aber nur Mutmaßungen anzustellen. Wichtiger aber noch ist, dass nicht auszuschließen ist, dass die Gabe des hypothetisch gesetzten, d. h. geglaubten Gottes für den Menschen darin besteht, frei zu sein und über sich selbst bestimmen zu dürfen. Zu dieser Freiheit gehört dann aber auch die Möglichkeit der Selbstaufhebung, mithin die des Suizides. Wenn demnach der Suizid aus ethisch-moralischen Gründen verboten sein soll, so ist dieser als Selbstwiderspruch der Freiheit aufzuweisen. Die Gründe müssen in der Instanz menschlicher Freiheit selbst erhebbar sein, und d. h. auch: Ob der gemutmaßte Gott existiert oder nicht, spielt dann keine Rolle mehr. Religiöse, sich auf einen freien Gott beziehende Menschen werden diese Dimension einbeziehen, aber sie müssen und dürfen immer noch selbst entscheiden.

Und dennoch findet sich der Mensch in ein Dilemma verstrickt. Der angedeutete Selbstwiderspruch liegt in der sozialen, mitmenschlichen Dimension, in der sich die menschliche Freiheit immer bereits bewegt. Die diesbezüglichen Aspekte sind zu unterscheiden. Leiblich verfasst, zutiefst hilfsbedürftig, bevor das ist und eigenständig lebbar wird, was ich endlich-relative Freiheit nennen möchte, d. h. eine Freiheit, die nicht mit einer totalen Autarkie zu tun hat, ist der Mensch auf andere verwiesen, die ihm die Realität seiner Freiheit ermöglichen. Selbst dieser Freiheit fähig geworden, man könnte auch schlicht sagen: erwachsen und damit der Selbstbestimmung fähig geworden, verhält der Mensch sich zu seinen sozialen Bedingungen und damit zu den Menschen, denen er sich verdankt, und geht neue Beziehungen ein. Aus diesen sozialen Dimensionen seiner Existenz leiten sich ethische Verpflichtungen ab – Verpflichtungen, die im Fall eines möglichen Suizids nicht einfach übergangen werden können. Aber sie indizieren zunächst nur ein Dilemma. Alles sträubt sich bei denen, die zurückbleiben, dagegen, dass ein Mensch nicht mehr will. Unerwartete Suizide lösen bei den Hinterbliebenen Schockreaktionen, eine unfassliche Traurigkeit bis hin zu Pathologisierungen aus, die sich als Verdunkelungen des eigenen Lebens zeigen. Und auch wer kommuniziert, sich ankündigende Phasen des Lebens nicht akzeptieren, sich selbst oder auch begleitet töten zu wollen, wird diese soziale Dimension seines Handelns nicht übersehen dürfen. Dies alles ist von denen, die auch nur erwägen, ihrem Leben ein Ende zu setzen, zu berücksichtigen – aber: Wer den Suizid dann aber konkret andenkt, d. h. über Selbstbestimmung am Lebensende nicht nachdenkt, wenn er sich bester Gesundheit erfreut, das Leben offen ist, sondern es sich wissentlich dem Ende nähert, dürfte sich bereits in einer Situation befinden, in der sich die Zukunft als (nur noch) verdunkelt zeigt. Von daher ist nicht damit zu rechnen, dass es in diesen Situationen noch eine Eindeutigkeit geben könnte und die Frage, was bedeutet mein Sterbenwollen für die Menschen, die mir zugetan sind, noch von größtem Belang ist. Aber wer vermag schon in einen Mensch hineinzublicken, und dies zumal dann, wenn er sich dieser Frage stellt.

Wer aber verantwortet, dass der Mensch die Freiheit hat, sich radikal in dem zu verneinen, was er ist und was seine Zukunft ausmacht? Letztlich Gott, der freie Gott, wobei in einem säkularen, mit Gründen religionsneutralen Staat immer wieder zu betonen ist: wenn Gott überhaupt existiert. Und nicht mehr zu können, deshalb – immer unterstellt, es gibt die dann vorausgesetzte Freiheit der Selbstbestimmung noch – dieses Leben auch nicht mehr zu wollen, ist das Dilemma, in das für die Gläubigen Gott selbst den Menschen verstrickt hat. Was für Menschen das Gesetz Gottes ist, ist das, was *sie* für dessen Gesetz halten; einen unmittelbaren Zugang zum Willen Gottes gibt es nicht. Und akzeptieren dürften sie es auch nur dann, wenn sie Gründe dafür hätten, und das können nur Freiheitsgründe sein.

II.

Aber selbst wenn die immer wieder vorgetragenen Argumente gegen die Selbsttötung nicht ziehen, auch nicht die theologischen, so lässt sich daraus noch nicht die Konsequenz ziehen, der Staat müsse aus Gründen des individuellen oder auch vergemeinschafteten Selbstbestimmungsrechts die rechtlich abgesicherte Möglichkeit organisierter Sterbehilfe eröffnen. In einem religionsneutralen Staat lässt sich zur Begründung eines solchen Verbots allerdings nicht auf religiöse Argumente rekurrieren. Vielmehr lassen sich ausschließlich Argumente anführen, die insofern als allgemeines Vernunftrecht gelten dürfen, als sie ohne Religionsrekurse mit Gründen einleuchten.

Mein Vorschlag geht dahin, dass der verfassungsmaßgebende Grundsatz *Die Würde des Menschen ist unantastbar* (GG Art. 1) sozialkulturell eine eindeutige Repräsentanz braucht. Da in einem religionsneutralen Staat keine religiöse Symbolik diese Funktion übernehmen kann, braucht es eine allgemein akzeptierte andere Instanz. Da jedes ärztliche Handeln seinem Selbstverständnis nach in seiner ethischen Grundlage von der Würde des Menschen bestimmt zu sein hat (so jedenfalls das ärztliche Standesethos), könnte die Ärzteschaft zugleich diese symbolische Funktion übernehmen. Dies würde aber ausschließen, dass es Beteiligungen seitens der Ärzteschaft am begleiteten Suizid oder gar an der organisierten Sterbehilfe geben dürfte, weil dies die Eindeutigkeit dieser symbolischen Repräsentation eines unbedingten Lebensschutzes durch den Staat unterlaufen würde.

Allerdings zeigt diese Argumentationsstruktur auch sogleich wieder ihre Schwachstellen. Schon die Frage, worin eigentlich genau die Würde des Menschen besteht, ist alles andere als leicht zu beantworten. Selbst wenn man diese menschliche Würde nicht von mentalen Fähigkeiten einschließlich der der freien Selbststeuerung abhängig macht, sondern deren Kriterium darin festmacht, eine menschliche Person zu sein, so gibt es eben diese mentalen Fähigkeiten, was bedeutet: Es macht zumindest auch ihre Würde aus, selbst entscheiden zu dürfen, ob sie das Leben auch weiterhin für lebenswert hält oder nicht. An dieser Stelle gibt es eine Wertekollision, die meines Erachtens nicht mehr zu beheben ist. Allerdings meine ich, dass sich aus einer Werteabwägung heraus die Gründe dafür verdichten lassen, den gesellschaftlichen Konsens eines strikten Verbots organisierter Sterbehilfe abzuleiten. Jede rechtlich legitimierte Wirklichkeit entfaltet ihre eigenen Dynamiken, und angesichts des demografischen Wandels sollte eine besondere Vorsicht obwalten, keinen Druck auf alternde Menschen entstehen zu lassen, ihr Leben zu beenden. Freilich bleibt einerseits das Problem, dass es Menschen gibt, die sich – um nur zwei Beispiele zu nennen – nicht einer medizinischen Apparatur ausgeliefert oder in die Demenz schlittern sehen wollen. Andererseits sei verwiesen auf das egalisierende Moment ärztlicher Tätigkeit, alle Menschen lebenserhaltend-palliativ behandeln zu wollen, das mit dem Recht auf Freiheit kollidiert, selbst zu entscheiden, unter welchen Bedingungen man leben will. Dieses Dilemma ist nicht aufzulösen, es kann aus der erfolgten Abwägung heraus nur ausgehalten werden.

III.

Und die Kirchen? Es gibt historische Erfahrungen, die zu extremer Vorsicht mahnen, wenn es um Fragen des menschlichen Lebensschutzes geht. Aber es gilt auch, die Ambivalenzen dessen anzuerkennen, was als Leben erfahren wird. Auszuarbeiten und darzustellen, in kirchlicher Sichtbarkeit und Ritualpraxen erfahrbar zu machen gilt es angesichts dessen, was die Rede von der Gnade meint, nämlich: diese Ambivalenzen vor

Gott akzeptieren und aushalten zu können, weil dieser Gott noch ein Versprechen auf eine ungetrübte Zukunft hat. In den Fragen des Lebensendes aber muss der Mensch entscheiden. Faktisch tut er dies ohnehin, auch schon jetzt in der ärztlichen Begleitung von Sterbenden, wenn keine lebensverlängernden Maßnahmen mehr ergriffen werden, aber er darf dies auch.

Dietmar Mieth

ERHÖHUNG UND ERNIEDRIGUNG DES LEBENS

„Leben" ist ein zentrales Wort kirchlicher Erklärungen (etwa: „Gott ist ein Freund des Lebens"), wenn es um seinen Anfang als Leben eines Menschen oder um das Leben des Einzelnen in einer belasteten und eingeschränkten Form geht. Dabei konterkariert das Thema „Leben" oft die Themen „Selbstbestimmung" und „freie Entscheidung". Daher scheint es sinnvoll und notwendig, angesichts der Debatte um das Lebensende theologisch danach zu fragen, was denn diese Insistenz auf dem „Leben" bedeutet, wie weit sie reicht und was damit ausgesagt sein soll oder nicht ausgesagt werden kann.

Es überrascht nicht, dass das Phänomen „Leben" in religiösen Texten und Vorstellungen erhöht ist und insbesondere im Christentum durch zentrale Bindungen an theologische Kernaussagen verstärkt wird. So wird das Wort „Leben" schon in der Trinität mit dem Heiligen Geist verbunden. Das Thema „Geist und Leben" stellt ebenso eine Erhöhung dar wie die Tradition der „Heiligkeit des Lebens", die sich aus der Schöpfung ableitet und breiter aufgestellt ist, weil sie im Werk der Schöpfung über den Menschen hinaus ausgreift. Dazwischen steht die christologische Verbindung von „Wahrheit und Leben" in der johanneischen „Ich bin"-Aussage. Wird die Wahrheit als lebensspendend verstanden, dann geht es freilich nicht um das bloße Existieren, sondern es geht darüber hinaus um das „gute Leben", von dem auch die griechischen Philosophen sprechen, um die richtige Orientierung in der Lebensführung. Es gibt also mehrfache Quellen einer christlichen Tradition, das Leben in emphatischer und damit über das bloße Existieren hinausreichender Form zu erhöhen. Die stärkste theologische Erhöhung ist der Glaube an eine Auferstehung, d. h. eine Verwandlung in ein neues Leben (dies ist etwas anderes als z. B. die „Unsterblichkeit der Seele", vgl. 1 Kor 15!).

Es geht also nicht primär um das „Am Leben sein", sondern um die „Fülle des Lebens", um eine das „Am Leben sein" transzendierende religiöse Erfahrung, für welche im Christentum, wie ich gezeigt habe, besondere Akzente gesetzt sind. Nun zieht sich durch die Theologiegeschichte und durch die christliche Lebenslehre eine Vorstellung hindurch, die das erniedrigte, beschädigte und eingeschränkte Leben an dieser transzendierenden Erfahrung teilnehmen lässt. Dies führt dann im Extrem dazu, dass das Leiden nicht nur im Namen des erhöhten Lebens zu bestehen, sondern sogar zu erflehen ist. Die Kirchen sind zum Teil vollgepackt mit Leidenden, die im Namen des transzendierenden Lebens zu verehren sind, die aber den Menschen anzurufen scheinen, das irdische Jammertal bejahend zu durchschreiten bzw. es in der antizipierten Ausstrahlung der künftigen Herrlichkeit zu kompensieren. Für Menschen ohne diese Tradition ist das schwer zu verstehen, wenn sie eine Kirche besuchen – in Skulpturen und Bildern wird viel Blut vergossen.

Leben hat im christlichen Glauben ein „Woher": die Lebendigkeit Gottes. Gott gilt als die „Quelle des Lebens" (Ps 36,10). Diese Lebendigkeit hat im Menschen selbst einen „Ort", den wir „Seele" nennen. Dieser „Ort" ist als eine Konzentration des Selbst zu denken, nicht als ein Gegensatz zum Körper. Das Leben erfahren deckt also die Spuren auf, die Gottes Lebendigkeit im Leben sichtbar machen und fortsetzen.

„Ehrfurcht vor dem Leben" hat Albert Schweitzer als Handlungsprinzip in der christlichen Ethik entfaltet. Er meint damit, dass Leben mehr ist als Materie und daher eine andere Verantwortung verlangt, wenn wir damit umgehen.

Die emphatische Betonung des Lebens wird in einer Vielfalt von biblischen Fassungen sichtbar. Dabei wird erst langsam erkannt, dass die Kontinuität des Lebens über das irdische Leben hinausgeht. Die durch Endlichkeit eingeschränkte Lebensqualität wird überboten, wenn die „Wasser des Lebens" einmal „umsonst" fließen werden, so das letzte Wort des Neuen Testamentes (Offb 22,17).

Die religiös angenommene Herkunft und die Zukunft des Lebens tragen das Leben zugleich in seiner „natürlichen" Form. Dies gilt insbesondere für den Menschen, dem Gott in einem eigenen Akt den „Atem des Lebens" (Gen 2,7) gegeben hat. Es geht nicht um das menschliche Leben, das ja in jeder Zelle anwesend ist, es geht um das Leben des einzelnen Menschen, denn nur dieses könnte im zentralen Sinn dieser Tradition „heilig", d. h. mit einem unhintergehbaren religiösen Wert ausgestattet, genannt werden. „Heiligkeit des Lebens" ist jedoch keine Norm, sondern ein Indikator des Staunens und der Ehrfurcht. In diesem Sinne wird „das Heilige" vor allem von dem Religionsphilosophen Hans Jonas gebraucht:

„Auch Ehrfurcht und Schaudern sind wieder zu lernen, dass sie uns vor Irrwegen mit unserer Macht schützen (zum Beispiel vor Experimenten mit der menschlichen Konstitution). Das Paradoxe unserer Lage besteht darin, dass wir die verlorene Ehrfurcht vom Schaudern, das Positive vom vorgestellten Negativen zurückgewinnen müssen: die Ehrfurcht für das, was der Mensch war und ist, aus dem Zurückschaudern vor dem, was er werden könnte und uns als diese Möglichkeit aus der vorgedachten Zukunft anstarrt. Die Ehrfurcht allein, indem sie uns ein ‚Heiliges', d. h. unter keinen Umständen zu Verletzendes enthüllt (und das ist auch ohne positive Religion dem Auge erscheinbar), wird uns auch davor schützen, um der Zukunft willen die Gegenwart zu schänden, jene um den Preis dieser kaufen zu wollen. So wenig wie die Hoffnung darf auch die Furcht dazu verführen, den eigentlichen Zweck, das Gedeihen der Menschheit in unverkümmerter Menschlichkeit – auf später zu verschieben und inzwischen eben diesen Zweck durch die Mittel zuschanden zu machen. Solches würden Mittel tun, die den Menschen ihrer eigenen Zeit nicht respektieren" (Hans Jonas, Das Prinzip Verantwortung, 1994, 392 f.).

Dieser sehr dichte Text des Religionsphilosophen, der viel allgemeiner angelegt ist als das Thema Suizid, um das es uns hier geht, enthält wesentliche Einsichten, die nicht mit einem kultischen, sondern mit einem humanistischen Begriff der *Heiligkeit* verbunden sind: die Einsicht, dass auch ohne Eigenheiten verschiedener Religionen die Verbindung zwischen Mensch und Menschheit und deren besonderer Rang eingesehen werden kann, ja sogar faszinierend ist.

Die religiöse Motivik steigert (erstens) die Achtung zur Ehrfurcht. Zugleich ist diese Ehrfurcht (zweitens) ein Zugang zu dem ethischen Kernsatz, dass der gute Zweck nicht Mittel heiligen kann, die diesen Zweck selbst verletzen. Sie ist (drittens) auch ein Zugang zur Verletzlichkeit des Menschen, die die

Ehrfurcht zur Fürsorge und zur Solidarität mit den eingeschränkten, verletzlichen, behinderten Menschen werden lässt.
Lebenswissenschaften verändern das Leben, behandeln es wie
eine physikalische „Materie". Ist das ansteckend? Damit werden Angebote erstellt, die in unserer Gesellschaft alles für jeden möglich zu machen scheinen. Das unendliche Angebot der
Lebens- und Gesundheitsplanung scheint ohne Grenzen. Denn
es gibt immer einen Ausweg: auch der gewählte Tod ist dann
im Angebot. Die Worte „Selbstbestimmung" und „Wahl"
(choice) scheinen alles zu dominieren.

Freilich ist eben nicht, wie oft durch Bewerbung angesagt wird,
alles planbar und machbar. Am Ende der Planbarkeit steht der
Mensch mit seiner Entscheidung unter Bedingungen, die er
nicht selbst geplant hat.

In der Auseinandersetzung mit dem Suizid hat die kirchliche
Tradition m. E. einen Kategorienfehler begangen: Leben ist
nicht in jedem Zustand transzendierend, entspricht nicht in
jedem Zustand dem Schöpfungswillen, repräsentiert nicht in
jedem Zustand den Geist, ist nicht in jedem Zustand mehr als
das damit verbundene Leiden. Wenn man, so meine theologische These, Leben als transzendierend begreift, dann ist damit
das Streben nach einem guten und richtigen Lebens, also nach
gelingender Lebensführung, verbunden, nach Lebensgüte und
Lebensfülle, nach der Schönheit und der Bereicherung des
Lebens in den Beziehungen, nach denen es strebt. Hier gibt es
auch eine besonders starke Komponente, in welcher das transzendierende Leben deutlich wird: in der Liebe, in der religiösen
Tiefenerfahrung (der „Mystik") und im Getragen-Sein von den
Kräften, in denen sich das Leben erneuert und verstärkt.

Was ist aber mit dem Leben, das unter die Schwelle seiner
erhöhten Ausstrahlung gerät? Hier müssen theologisch zwei
Aspekte untersucht werden.

Der erste Aspekt ist die berechtigte Ausstrahlung des religiös
erhöhten Lebens auf den Lebenswert des eingeschränkten
Lebens. In diesem Sinn ist es wichtig, dass das Leben der Kranken und Behinderten dadurch in seiner Achtung, Anerkennung
und Annahme keine soziale Einbuße erfährt. Die Charta der
Menschenrechte von Behinderten drückt dies säkular, eindeutig und mit politischen Konsequenzen aus.

Die christliche Sicht dieser Achtung nenne ich die „unbedingte Annahme". In diesem Sinne strahlt das religiös überhöhte, das transzendierende Leben auf das Leben aus, das auch unter Einschränkungen geachtet und nach seinen Möglichkeiten erfüllt werden soll. Dies schließt auch Elemente der Selbstachtung mit ein, die sich in stärkenden Beziehungen erhalten und entfalten können.

Wie steht es nun aber mit einer ethisch bedeutsamen Ausstrahlung des transzendierenden Lebens auf das Leben unterhalb der Schwelle der Selbstannahme? Meines Erachtens gibt es diese Ausstrahlung, die dazu führt, dass man als gläubiger Christ alle Möglichkeiten ausschöpft, auch unter massiven Einschränkungen das Transzendieren des Lebens wahrzunehmen, zu üben und anderen Menschen mitzuteilen. Dies gehört zur Tradition der „ars moriendi", der „Kunst des transzendierenden Sterbens", die in der christlichen Tradition gelehrt und gelebt wird. Ich habe selbst Beispiele erlebt, in welchen die Kranken und Sterbenden selbst die Rolle der transzendierenden Tröster in und trotz ihres Leidens übernahmen. Dem zu folgen und sich anzunähern, betrachte ich auch als meine eigene christliche Lebensauffassung.

Dazu gehört auch ein, wie ich hoffe, allgemein nachvollziehbarer ethischer Gesichtspunkt. Träger der Menschenwürde ist immer auch der eingeschränkt und unter Belastungen Lebende. Wenn er dies ist, dann ist die aktuelle Menschenwürde des Menschen in diesem Zustand nicht vorwegzunehmen. Wäre dies anders, müsste immer erst meine Freiheit von außen festgestellt werden und dann für überlegen gegenüber meinen Lebensäußerungen im belasteten Zustand erklärt werden. Damit würde Leben zum Instrument der Freiheit, man nähme ihm die Chance, in seiner bloßen, eingeschränkten Lebendigkeit Ausdruck von Menschenwürde sein zu dürfen. (Andernfalls bindet man Menschenwürde an qualitative Zustände.) Dieser ethische Gesichtspunkt lässt sich m. E. durchaus auch normativ fassen.

Aber lässt sich der Glaube an das transzendierende Leben verallgemeinern oder gar normativ fassen? Es geht dabei nicht nur darum, dass man den Glauben nicht vorschreiben kann – man könnte ja immerhin um die entsprechende Lebensauffassung in einer Gesellschaft kämpfen, statt gleich zu resignieren. Auch religiöses Transzendieren kann man säkular plausibel machen. Die Kunst tut dies auf unleugbare Weise!

Dennoch: Auch im religiösen Bewusstsein, auch im Glauben gibt es eine Grenze der Übertragbarkeit von spiritueller Vorbildlichkeit in allgemein bindende Normen, und dies schließt m. E. die christliche Lebensführung mit ein. Spirituelle Vorbildlichkeit kann kein moralisches Diktat und kein staatliches Gesetz sein. Sie sollte aber auch nicht moralisch durch eine missverstandene Absolutheit der Selbstbestimmung und gesellschaftlich durch Gesetze, die aus Entscheidungen Selbstverständlichkeiten machen, an den Rand gedrängt werden.

Mein Fazit ist ein Einerseits und ein Andererseits: Einerseits sollten die Kirchen nicht die Emphase des religiösen Transzendierens, die im christlichen Glauben verankert ist, als normgebende Normalität verstehen und einfordern. Andererseits sollte aber auch nicht durch politische Normgebung eine „Normalität" mit herbeigeführt werden, in welcher die Möglichkeiten der Selbstannahme im Leiden und der primären Aufgabe, Leben zu ermöglichen und zu stärken, reduziert und geschwächt werden. Hier wie auch in der politischen Prioritätensetzung angesichts der Pflegesituation überhaupt ist darauf zu achten, dass man nicht auf den falschen Weg der Kompensierung mangelnder Solidarität gerät, die durch die Schritte der Ökonomisierung im Bereich des Lebens und Überlebens oft die wahre Selbstbestimmung zur Illusion werden lässt.

Michael Frieß

HILFE BEIM STERBEN:
DIE KIRCHEN UND DER ASSISTIERTE SUIZID

In den Schweizer Kantonen Bern und Jura erlaubt die evange-
lisch-reformierte Kirche, dass Mitarbeiter von Sterbehilfeorganisationen in den kirchlichen Altenheimen das tun, was sie
auch in Privathäusern machen dürfen: Menschen beim Suizid
helfen. Die Kirchenleitung dieser Kantone kam nach intensiver
Debatte zu dem Schluss, dass unerträgliches Leid nicht das sei,
was Gott für den Menschen gewollt habe. Vor allem dann nicht,
wenn das Leiden Ergebnis menschlichen Handelns sei.[1] Es sei
nicht Gottes Wille, dass Menschen unsägliche Schmerzen ertragen müssten, denen sie ohne den medizinischen Fortschritt
durch früheres Sterben hätten entgehen können. Daher könne
bei ausdrücklichem Sterbewunsch von todkranken Menschen
Beihilfe zum Suizid auch als ethisch geboten erscheinen, so die
Kirchenleitung.
In den Niederlanden beschloss die Generalsynode einer der
beiden evangelischen Volkskirchen Ähnliches und resümierte,
dass Jesus mit seinem neuen Reich Leiden und Tod habe überwinden wollen.[2] Aus dem Evangelium könne kein Auftrag Gottes an den Menschen abgeleitet werden, so lange leben zu
müssen wie möglich. Es gehe nicht darum, dass man lebe,
sondern wie man lebe. „Wir haben nicht die Aufgabe, eine
‚Hölle' in Stand zu halten",[3] so die Generalsynode.
Dagegen lehnen die Kirchenleitungen in Deutschland diese
Formen der Sterbehilfe zumindest in den offiziellen Verlautba-
rungen noch strikt ab. Die Evangelische Kirche in Deutschland
und die Deutsche Bischofskonferenz äußerten sich zu diesen
Themen bislang gemeinsam und gleichlautend. Dabei wollten
beide aus einem weitreichenden Kollektivwissen heraus für alle

---

1 Vgl. Frieß, Sterbehilfe, S. 76.
2 Vgl. Frieß, Sterbehilfe, S. 77.
3 Generale Synode der Nederlandse Hervormde Kerk, Euthanasie en Pas-
toraat, S. 23.

Christen sprechen. Sie stellten fest, dass ein Christ den Selbstmord nicht verstehen und nicht billigen könne,[4] und verwiesen darauf, dass mit einer Legalisierung das Ende der Achtung vor dem Leben eingeleitet werden würde. „Aktive Sterbehilfe ist [...] mit dem christlichen Verständnis vom Menschen nicht vereinbar."[5]

Katholische Bischöfe können das sagen. Sie stützen sich auf das verbindliche Lehramt des Papstes. Und immerhin hat die katholische Kirche in den Fragen des Lebensschutzes eine in sich schlüssige und konsequente Haltung. Sie lehnt Präimplantationsdiagnostik und Abtreibung ab, steigt aus der Schwangeren-Konfliktberatung aus, stellt im Vatikanstaat – singulär in Europa – Suizid und Suizidversuch unter Strafe und missbilligt assistierten Suizid und aktive Sterbehilfe.

Dagegen haben sich die evangelischen Kirchen mit ihren Stellungnahmen in ein Netz sich widersprechender ethischer Bewertungen verstrickt. Sie sind weder geschlossen gegen eine Reichweitenbegrenzung von Patientenverfügungen noch für das Verbot der Einstellung von künstlicher Ernährung. Sie wollen die Selbsttötung nicht unter Strafe stellen und akzeptieren Abtreibung in bestimmten Fällen. Für den Versuch, dann im Bereich des assistierten Suizids den Fels im Wabern des ethischen Relativismus zu mimen, werden sie kein Prädikatssiegel der Stiftung Stringenz-Test erhalten. Die Wolfgang Hubersche Strategie, mit vermeintlich klaren ethischen Positionen der Erosion von Kundenanteilen auf den Religionsmärkten entgegenzuwirken, brachte keinen Erfolg. Die evangelischen Kirchen verabschieden sich so höchstens von ihren protestantischen Wurzeln. Diese waren und sind von Pluralität geprägt. Zudem können die deutschen Protestanten nicht erklären, warum andere Volkskirchen in den Nachbarländern, dem Absolutheitsanspruch deutscher Kirchenpositionen zum Trotz, den assistierten Suizid auch für Christen akzeptieren. Dank Margot Käßmann und Nikolaus Schneider wird endlich auch wieder

---

4 Vgl. Rat der EKD / Deutsche Bischofskonferenz, Gott ist ein Freund des Lebens, S. 107.
5 Deutsche Bischofskonferenz / Rat der EKD, Christliche Patientenverfügung (2003), S. 28.

innerkirchlich diskutiert. Heinrich Bedford-Strohm gelingt dies auf umsichtige Weise. Dazu später mehr.

Von den theologischen Argumenten, die die Kirchen in Deutschland gegen den assistierten Suizid vorbringen, möchte ich die beiden häufigsten thematisieren.

1. GOTT ALLEIN IST HERR ÜBER LEBEN UND TOD

Diese Kirchenparole ist für die Abläufe des heutigen Medizinbetriebs als ethischer Wegweiser unbrauchbar. Ärzte und Angehörige werden so von den Kirchen in ihren Gewissenskonflikten alleingelassen. Ein Beispiel:
Eine Frau bricht im Restaurant zusammen, und der Rettungsdienst ist nach vier Minuten vor Ort. Das Herz der 50-jährigen Frau schlägt nicht mehr. Wer ist in an diesem Punkt Herr über Leben und Tod? Jahrtausendelang galt der Herzstillstand als Moment des Todes. Ist das der Todeszeitpunkt, den Gott für diese Frau bestimmt hat und den wir akzeptieren müssen?
„Natürlich" soll sofort mit den Wiederbelebungsmaßnahmen begonnen werden. Für solche Notfälle gehen auch die Kirchen nicht davon aus, dass der Tod von Gott gegeben sei und akzeptiert werden müsse. Der helfende Mensch, nach genialen Erfindungen mit Technik und Wissen bewaffnet, ist in diesen Momenten in gewisser Weise auch Herr über Leben und Tod.
Er kann und muss entscheiden: Wiederbeleben oder den Tod akzeptieren?
Die Patientin kommt ins Krankenhaus, bleibt aber bewusstlos. Auf der Intensivstation müssen nun Ärzte und Angehörige entscheiden, ob trotz der schweren Hirnschäden eine künstliche Ernährung begonnen werden soll. Sollen sie die bewusstlose Frau sterben lassen oder am Leben erhalten?
Wer ist an diesem Punkt Herr über Leben und Tod?
Die Patientin liegt im Wachkoma. Nach derzeitigem medizinischem Wissen ist nach zwölfmonatigem Wachkoma mit einem Wiedererwachen nicht mehr zu rechnen. Der Mensch entscheidet: Einstellen der künstlichen Ernährung – mit der Folge, dass das Leben der Patientin in wenigen Tagen enden wird – oder weiter behandeln?

63

Meine Anfrage an das kirchliche Argument „Gott allein ist Herr über Leben und Tod" lautet demnach: Wo kann man in der aktuellen medizinischen Praxis eine Grenze setzen, ab der nicht mehr der Mensch, sondern allein Gott entscheiden und handeln muss?

Ich kann diese Grenze nicht finden. Alle beschriebenen Bereiche sind menschliche Entscheidungsfelder. Drei weitere Beispiele:

- Beginne ich die dritte Chemotherapie und lebe wahrscheinlich einige Monate länger, oder stelle ich die Therapie jetzt ein, weil Übelkeit und Schmerzen zu groß sind?
- Das Sterbefasten ist dem assistierten Suizid ethisch gleichzustellen und wird in der kirchlichen Tradition weitgehend akzeptiert. Hier entscheiden unheilbar kranke Menschen, auf Nahrung und Flüssigkeit zu verzichten und so den Sterbeprozess zu beschleunigen.
- Gleiches, wenn Patienten in Absprache mit ihrem Arzt zwei legale Sterbehilfe-Formen kombinieren: Sie lassen sich ins Koma legen, weil sie Schmerzen, Übelkeit oder Atemnot trotz palliativer Therapie nicht mehr ertragen (palliative Sedierung), und bestimmten vorher, dass keine künstliche Ernährung begonnen werden darf. So sterben sie binnen weniger Tage.

In all diesen Fällen trifft der Mensch – kirchlich akzeptiert – selbst Entscheidungen, die die Lebenslänge beeinflussen. Warum sollte das bei unheilbar kranken Menschen mit ernstlichem Sterbewunsch nicht auch für den assistierten Suizid gelten?

2. DU SOLLST NICHT TÖTEN!

In den Zehn Geboten steht: „Du sollst nicht töten", und deshalb, so die Behauptung, seien aktive Sterbehilfe und Suizid für Christen inakzeptabel.

Kirchlicherseits wird in der Sterbehilfedebatte der Eindruck erweckt, dass alles Leben schon immer und ausnahmslos schützenswert war, weil über das Leben als Gabe Gottes nicht verfügt werden dürfe und weil das biblische Tötungsverbot schon immer gegolten habe. Eine Suggestion, die durch den Blick in die eigene Geschichte verblasst.

Es gab in der jüdisch-christlichen Religionsgeschichte kaum Momente, in denen das Tötungsverbot absolut galt. Auch das Alte Testament, auch die Zehn Gebote, kennen kein absolut gültiges Tötungsverbot. Das an dieser Stelle verwendete hebräische Wort bezieht sich ausschließlich auf den Mord innerhalb des Volkes Israels. Erlaubt waren dagegen die Tötung von ausländischen Sklaven oder Hexen, die tödliche Notwehr oder die Tötung anderer im Krieg. In der Bibel gibt es zehn Suizide. Keiner wird verurteilt (aber auch keiner eingefordert). Die Ablehnung des Suizids ist ein Produkt der nachbiblischen Kirchengeschichte. Martin Luther sah in einem behinderten Kind nur ein „Stück Fleisch, eine massa carnis, da keine Seele innen ist"[6], das man ersäufen dürfe. Die katholische Kirche sagt, dass das Leben von der Empfängnis an unbedingt und ausnahmslos geschützt werden müsse, verschweigt dabei aber, dass sie dies bis vor 140 Jahren anders gesehen hat. Erst 1869 hob Papst Pius IX. die Lehre von der „Sukzessivbeseelung" auf. Bis zu dieser Entscheidung durften Embryonen vor dem 40. Tag abgetrieben werden.

Ich bin gegen die Todesstrafe und habe ein völlig anderes Bild von behinderten Menschen als Martin Luther. Nicht weil Altes Testament und Kirchen Tötungen zuließen, soll man diese heute akzeptieren. Aber zu suggerieren, Christen hätten eine feste Meinung, die immer und überall galt und gilt, ist wenig überzeugend. Die Kirchen müssen ehrlich sagen: Unsere jüdisch-christliche Tradition ließ schon immer Ausnahmen vom Tötungsverbot theologisch begründet zu, und deshalb darf man auch jetzt offen diskutieren, ob der Sterbewunsch unheilbar kranker Menschen so eine akzeptable Ausnahmesituation darstellen könnte. Hier wird es keine Einigung geben. Es ist genug erreicht, wenn die evangelischen Kirchen in Deutschland es dem einzelnen Christen (und den Schwesterkirchen anderer Länder) zugestehen, für sich eine individuelle Antwort zu finden, wie es etwa Anne Schneider, die Frau des ehemaligen

---

6 Luther, Weimarer Ausgabe, Tischreden Band 5, S. 5207.

Ratsvorsitzenden öffentlich machte. Sie hält sich die Möglichkeit offen, mit Hilfe einer Schweizer Sterbehilfeorganisation begleitet und im Beisein ihres Mannes Nikolaus Suizid zu begehen.

3. Kann der assistierte Suizid kirchlich und theologisch akzeptiert werden?

Ja, denn in der christlichen Theologie stellen wir uns mehrheitlich den Tod als den Moment absoluter Passivität vor. Im Tod haben wir nichts mehr selbst in der Hand. Wir sind ganz auf Gottes Handeln angewiesen. Die Niederländische Kirche verweist auf Christen, die sehr fest an die Verheißung von Auferstehung und ewigem Leben glauben. Wenn unheilbar Kranke, indem sie den Freitod wählen, sich nun selbst in den Zustand absoluter Passivität begeben, kann das eine Handlung in tiefem religiösem Vertrauen auf Gott sein. Für sie ist es die Möglichkeit eines Ausweges aus hoffnungsloser Situation. Diese Menschen fühlen sich fest mit Gott verbunden und können nicht verstehen, warum ihr Weg Sünde sein soll.

Als Sünde wird ja weithin die Haltung bezeichnet, die glaubt, alles selbst in der Hand zu haben, alles selbst bestimmen und planen zu können. Eine Haltung, die nicht damit rechnet, dass es einen Gott gibt, der unser Leben trägt.

So verstanden glauben manche Christen, dass sie gerade nicht sündhaft handeln, wenn sie ihr irdisches Leben – final erkrankt und nach reiflicher Überlegung – verkürzen, alles loslassen, um ihre Zukunft in die Hand Gottes zu legen.

4. Kirchen unterwegs

In der Ablehnung des assistierten Suizids sind sich die Kirchen einig. Davon geht man jedenfalls nach Wahrnehmung öffentlicher Diskurse und ökumenischer Veröffentlichungen in Deutschland aus. Wären da nicht Volkskirchen in der Schweiz oder den Benelux-Ländern und eine in ihrer Tragweite noch unerschlossene Formulierung in der Orientierungshilfe der

Gemeinschaft Evangelischer Kirchen in Europa (GEKE) zu lebensverkürzenden Maßnahmen und zur Sorge um Sterbende: Nachdem assistierter Suizid und aktive Sterbehilfe strikt – und ausführlich begründet – abgelehnt wurden und betont wird, dass diese Notsituationen am besten gar nicht gesetzlich geregelt werden sollen, heißt es dort:

„Dem Umstand, dass moralische Tragödien vorkommen können, [...] könnte eher durch den rechtlichen Ausweg entsprochen werden – wie es tatsächlich in einigen Ländern der Fall ist –, seltene und extreme Fälle strafrechtlich nicht zu verfolgen [!] [...]."[7]

105 Evangelische Kirchen, darunter die deutschen Landeskirchen, sagen also: Legalisieren: nein – bei extremen Ausnahmefällen auf Strafverfolgung verzichten: ja. Da reiben sich die Liberalisierungsbefürworter die Augen und fragen: Akzeptieren die Evangelischen die aktive Sterbehilfe jetzt doch? Denn diese GEKE-Formulierung deckt sich juristisch mit der Gesetzeslage in den Niederlanden.

Nachdem die bisher von den Kirchen vorgebrachten theologischen Argumente nicht überzeugten, bleibt deren Vertretern nur noch das Argument des gesellschaftlichen Druckes, das sich mit den Worten des früheren Bundespräsidenten Rau so zusammenfassen lässt: „Wo das Weiterleben nur eine von zwei legalen Optionen ist, wird jeder rechenschaftspflichtig, der anderen die Last seines Weiterlebens aufbürdet."[8]

Mit dieser Befürchtung lässt sich sehr gut Angst schüren. Sie lässt sich aber nicht halten: In den Niederlanden, in Oregon, in der Schweiz ist der assistierte Suizid seit rund 30 Jahren Praxis. Ist eines dieser Länder zu einer alten- oder krankenfeindlichen Gesellschaft geworden? Im Gegenteil: Die palliative Versorgung wurde deutlich schneller ausgebaut als in Deutschland.

Lassen Sie sich keine Angst einreden: Noch nie in der Menschheitsgeschichte wurde menschliches Leben so geschützt und geachtet wie im Deutschland unserer Tage. Auch die Bewegungen in der Inklusion zeigen, dass es auf diesem guten Weg weitergeht.

---

7 GEKE, Leben hat seine Zeit, Sterben hat seine Zeit, S. 86 f.
8 Rau, Berliner Rede des Bundespräsidenten (2001).

Die Beihilfe zum Suizid ist in der Bundesrepublik schon immer erlaubt gewesen, und auch eine weitergehende gesetzliche Absicherung für Ärzte wird die Achtung menschlichen Lebens nicht beschneiden.

Der Ratsvorsitzende Heinrich Bedford-Strohm hat sich aktuell sehr umsichtig im Sterbehilfe-Diskurs zu Wort gemeldet. Er betont den uneingeschränkten Schutz des Lebens und lehnt den assistierten Suizid grundsätzlich ab, will ihn aber strafrechtlich weder erlauben noch verbieten. Bedford-Strohm hat davor Angst, dass eine explizite strafrechtliche Erlaubnis des ärztlich assistierten Suizids eine sozialkulturelle Wirkung entfacht, in deren Folge die Beendigung von Leben zur öffentlich abgesegneten Praxis würde.[9] Müssten die evangelischen Kirchenvertreter dann nicht auch ebenso klar gegen die Abtreibungsregelung des § 218 StGB Stellung nehmen?

Sein Vorschlag, die Suizid-Regelung dem ärztlichen Standesrecht zu überlassen, greift aber zu kurz: Damit werden letztlich Unsicherheit und Verantwortung an den Ärzten vorbei an ehrenamtliche Sterbehelfer oder Angehörige weitergegeben. Zudem sind es die staatlichen Arznei- und Betäubungsmittelgesetze, die es den Ärzten verbieten, die Beihilfe zum Suizid mit den aus medizinischer Sicht richtigen Medikamenten durchzuführen. Nein: Der Staat, nicht unklar legitimierte ärztliche Standesgremien, die derzeit für jedes Bundesland eigene Vorgaben geschaffen haben, muss die Frage des assistierten Suizids regeln, um Rechtssicherheit zu schaffen.

Für mich scheint eine Neudeutung des Kirchenvaters Augustin akzeptabel, der feststellte: Aus Gottes Hand empfing ich mein Leben, unter Gottes Hand gestalte ich mein Leben, in Gottes Hand gebe ich [sic!] es zurück.

---

9 Bedford-Strohm, Leben dürfen – leben müssen, S. 165.

ETHIK

Dietmar Mieth

SELBSTBESTIMMUNG AM ENDE DES LEBENS – WIE WEIT GEHT SIE?

DAS REFORMPROGRAMM DER INDIVIDUELLEN SELBSTBESTIMMUNG

Das Stichwort meiner Karriere als theologischer Ethiker war „Autonomie", Selbstbestimmung. Als Alfons Auer mit mir als Assistenten in Tübingen seit 1968 moraltheologische Seminare zur „Autonomie" einführte, waren sie überfüllt. Angesicht der katholischen Bevormundung ihres Geschlechtslebens, ihres Ehelebens und ihres Glaubenslebens suchten viele nach einer Verantwortung, in welcher die individuelle Selbstbestimmung unhintergehbar war. Die Studierenden fühlten sich befreit, ihr eigenes Gewissen und gemeinsame neue Überzeugungen zu entwickeln. Freilich waren diese Aufbrüche zugleich von Bedenken begleitet.

(Erstens) Der Philosoph Kant sprach als Ethiker von der Autonomie, aber er meinte damit nicht die individuelle Selbstbestimmung, sondern die Selbstverpflichtung aus Freiheit, auch um der Freiheit der anderen willen. Nach dem Philosophen Hermann Krings stand Kant der Idee einer „solidarischen Freiheit" nicht so fern.

(Zweitens) Es war nicht zu übersehen, dass Selbstbestimmung ein starkes Element der Selbsttäuschung enthalten konnte. Man glaubt, authentisch zu sein, und kauft die Ware ein, die als „authentisch" ausgegeben wird. Der moderne Philosoph der Authentizität, Charles Taylor, gesteht gern zu, dass es diese Täuschungen gibt. Dann muss man freilich nach der „wahren" Authentizität fragen, so wie Kant nach der wahren Autonomie. „Autonom" ist ebenso mehrdeutig wie „authentisch".

(Drittens) Die „Entfragmentierung" der Ökonomie (ein Stichwort der EU und der TTIP-Verhandlungen), d. h. die wachsende ökonomische Freizügigkeit, gliedert individuelles Leben und politische Freiheiten in ihre Vorherrschaft ein, indem es diese fragmentiert. Beziehungen werden z. B. durch Mobilität fragmentiert. Das macht das individuelle Leben einsamer und schwieriger, vor allem am Lebensende.

Der Anspruch an die moralische Qualität des Einzelnen wächst mit der ökonomisch gesteuerten Lebensplanung, unter deren Bedingungen wir dann individuell entscheiden sollen. Für die durch diese Lebensplanung entstandenen Räume der „unfreien Freiheit" hält die Medizin Räume der freien Entscheidung bereit. Diese Räume erscheinen aber oft wie Röhren ohne Ausgang, weil sie keine Projekte mehr zulassen und die persönlichen Beziehungen erschwert sind. Das ist nicht beabsichtigt, aber durch die Strukturen präfiguriert.

Es geht mir darum, wie wir zu politischen Konzeptionen kommen, in welchen die individuelle Selbstbestimmung nicht paradoxerweise zu einem Ventil für eine ökonomisch-technische Steuerung der Lebensplanung wird. Die heute installierte politische Konzeption, an der ich ja selbst mitwirken durfte, heißt: „mehr Ethik". Nun wird „Ethik" zum Wort für präformierte Konsensbildung im politischen Zulieferungsbereich, vor allem delegiert an Räte. „Ethik" geschieht hier nach dem Diskurs-Modell, um zu möglichst repräsentativen Mehrheitskonsensen mit Minderheitsausstattung zu gelangen. Darunter verstehe ich Diskurs-Ergebnisse, die im Unterschied z. B. zu früheren kirchlichen Lebensausrichtungen auf Rahmenbedingungen zusteuern, in denen unterschiedliche Optionen, auch kirchliche, gelebt werden können.

Wie sollte man auch anders vorgehen, nachdem ein moralischer Geltungspluralismus mit dem Wertepluralismus, d. h. dem Optionalismus, Schritt gehalten hat. Unter Geltungspluralismus verstehe ich im polemischen Extrem: „Alles gilt, was gilt, und dass nicht alles gilt, was gilt, das gilt auch." Dieser „postmoderne" Relativismus ist inzwischen wieder rückläufig, und immer wieder wird angesagt, die Religion komme wieder. Das mag sein, aber kommt sie mit und durch die Kirchen?

Die ökonomisch präfigurierte Planung in der Politik geht m. E. nicht von der Ethik aus, sondern sie soll von ihr kompensiert werden. Das ist ungefähr so wie mit der „sozialen Marktwirtschaft", die den Start der Bundesrepublik Deutschland markierte: Das Soziale, ursprünglich als präventives Vorzeichen zur Wirtschaft gedacht, wird nur noch als deren Kompensation unter der Herrschaft des Rechenschiebers betrachtet und beachtet. Das lässt sich problemlos an der Verwandlung von Gesundheitsinstitutionen in Wirtschaftsunternehmen zeigen. Natürlich gilt dies nicht ausnahmslos. Außerdem werden immer wieder Gegenstrategien gesetzt, aber ihre Durchschlagskraft ist begrenzt.

Wollten wir die Altenpflege tatsächlich gesellschaftlich solidarisieren, dann müssten ganz andere Prioritäten gesetzt werden. Mit einem Soli für Altenpflege, insbesondere für ausgebildete Pflegekräfte und für bezahlte familiäre Arbeit-Karenz-Zeiten, könnte die Politik das angehen. Aber gibt es überhaupt solche Modelle?

Auch das Individuelle kann als bloß nachklappendes Anhängsel der „Entfragmentierung" der Ökonomie betrachtet werden. Dies ist z. B. dann der Fall, wenn bei der Organtransplantation davon ausgegangen wird, dass der Hirntod alles objektiviere – z. B. den Explanteur vor einer Tötungshandlung bewahrt und zugleich den Einzelnen sich als explantierten Leichnam sehen lässt. Aber die individuelle Stellungnahme lässt sich so nicht bevormunden. Diese Bemerkung richtet sich nicht gegen die Organtransplantation als solche – man muss ja ständig Missverständnisse abwehren, wenn man sich in grundsätzliche Betrachtungen begibt. Das erzeugt oft müdes Lächeln. Es ist auch leichter, sich anzupassen. Aber sollte ein selbstbestimmter Akteur nicht auch zugleich ein „Nonkonformist" sein?

Wie sieht es aus am Ende des menschlichen Lebens?

Mit dem wachsenden Glück des robusten, rüstigen Alterns wuchs auch die Belastung im nachrobusten Altern. Unter „nachrobust" verstehe ich den Wechsel von einem gelegentlich eingeschränkten, insgesamt aktiven Leben in ein vorrangig passives, abhängiges und hilfebedürftiges Leben. Mit diesem Wechsel werden Leiden und Sterben zu einem durch die medizinisch-technische, ökonomische Entwicklung begleiteten Plan modifiziert. Die Möglichkeiten der Lebensverlängerung, die berufliche Mobilität und die Individualität haben das für meine Generation noch selbstverständliche und heute immer noch mehrheitliche, aber sich rückläufig entwickelnde, familiär begleitete Altern verändert. Manche sagen: Nun ist das mal so, dementsprechend verändert sich unser Leben, und wir ergreifen den Zipfel der Selbstbestimmung, den uns persönlich diese ökonomisch gesteuerte Lebensplanung noch überlässt. Gott sei Dank! Jetzt brauchen wird nur noch ein Umdenken bei denen, die sich konservativ für Selbsterhaltung (ein Hauptmotiv des Philosophen Kant) im Sinne von Lebenserhaltung eingesetzt haben. Hans Küng hat die Losung dafür ausgegeben, wie Theologen nun auch umdenken könnten.

Nun fragen wir also, wo und wie wir unsere Selbstbestimmung unter Bedingungen wahrnehmen können, die zugleich zudiktiert sind. Mein Buch „Grenzenlose Selbstbestimmung?" versuchte, sich nonkonformistisch diesem Trend zu widersetzen. In Erinnerung an Theodor Adornos berühmten gesellschaftskritischen Ausspruch frage ich mich, wie wir ein richtiges Bewusstsein und ein verantwortliches Handeln unter fragwürdigen Bedingungen, etwa der Pflege- und Begleitungssituation, entwickeln können.

Auf der einen Seite bedeutet dies unausweichlich, dass man sich objektiven Bedingungen fügen muss, um eine kleine Freiheit der eigenen Entscheidung dabei, etwa durch Patientenverfügung, insbesondere durch Bevollmächtigung herauszuschlagen. Auch wenn man die Richtung, wie ich es hier tue, im Ansatz kritisiert, entkommt man doch nicht als individueller Akteur dem Rahmen, in welchem man ausausweichlich handeln muss. Man kann nicht darauf warten, dass er sich ändert. Aber der poltische Akteur sollte m. E. versuchen, die Rahmenbedingungen an den Menschen anzupassen und nicht umgekehrt.

Der derzeit diskutierte ärztlich assistierte Suizid ist für mich aus drei Gründen ethisch problematisch:

- Im Einzelfall als Grenzfall geht es darum, dass ich mir die Bewertung meines eigenen Lebens, das ich als „nachrobustes" Subjekt führe, jetzt schon zuschreibe. Nach welchen Kriterien? Ist Belastungsangst nicht oft aus einem perfektionierten Selbstbild erwachsen? Wo geht es um zukünftiges Leid, wo geht es um zukünftigen Resonanzmangel? Ist meine Würde nur gewahrt, solange ich ein „robust" alternder

Akteur bin? Strahlt nicht auch die nachrobuste, mehr passive Subjektivität auch eigene Akzente der Würde aus? Dies entspricht jedenfalls meinen familiären Erfahrungen in Pflege von altersdementen Kranken.

- Man soll Gesetze nicht an Ausnahmeregelungen anpassen. Für komplexe Einzelsituationen gibt es schon heute keine gesetzliche Verfolgung. Handlungsbedarf besteht m. E. im Hinblick auf Ökonomisierung und Versorgung in vorgefertigten Organisationsröhren.

- Ich finde es persönlich und theologisch-ethisch problematisch, wenn man von Ärztinnen oder Ärzten Tötungshilfen in Anspruch nimmt (wie etwa auch beim genetisch indizierten Fetozid!), während man auf der anderen Seite – bei der Organtransplantation – das Dogma des ärztlichen Tötungsverbotes zur Sicherung des Hirntod-Kriteriums (ein Zirkelschluss!) heranzieht. Man sollte sich mehr Gedanken über interessegeleitete Zirkelschlüsse machen!

Auf der anderen Seite müsste die Gesellschaft rebellieren, um neue Konzepte für das robuste, rüstige Altern und für das in vieler Hinsicht eingeschränkte Altern zu entwickeln. Das heißt, dass man die Aufgaben für die jungen Alten sucht, zu denen ich mich als Pensionär und als zugleich beruflich Tätiger mit fast 75 Jahren immer noch rechne. Dies ist auch eine Frage der Alterssolidarität zwischen den Rüstigen und den Eingeschränkten. „Solidarität" ist hier das entscheidende Stichwort, das die eingeschränkte Selbstbestimmung begleiten muss.
Individuelle Selbstbestimmung ist, wie ich zu zeigen versuchte, aus gesellschaftlicher Betrachtung nicht voraussetzungslos, sondern zudiktiert. Ich nehme sie mir nicht so heraus, wie ich mir z. B. selbst als Nonkonformist mein Leben gegen Widerstände herausgenommen habe. Ich nehme diese zudiktierte Selbstbestimmung an, weil ich sie nicht vermeiden kann und will. Aber dies kann ich nicht ohne Solidarität im Bereich der palliativen Schmerzens- und der Sterbensbetreuung. Dafür braucht es eine sozial präfigurierte Altersökonomie, nicht wie bisher eine ökonomisch präfigurierte Beheimung, in welcher die Pflegekräfte zu wenige sind und zu schlecht bezahlt werden. Ich erinnere an die Frage der gesicherten und bezahlten

Karenzzeiten für Angehörige, die sich gern familiär einsetzen würden.

Bei einer verantwortlichen Entscheidung auf politischer und auf persönlicher bzw. beratender Ebene sollte beachtet werden:

- Die ethische Frage sich nicht darauf reduzieren, was sich durchsetzen wird.
- Die Regelung von Einzelfällen darf nicht an die Stelle grundsätzlicher Kriterien rücken.

Betrachten wir die oft genannten Gründe für vorverlegtes Sterben –

- fehlendes Lebensprojekt
- eingeschränktes Selbstbild
- Beziehungsmangel
- Rücksichtnahme auf andere
- Leiden und Belastungen

– dann wird klar: Dies alles ist auch als soziales Problem, als Problem der Solidarität zu fassen. Aber es bleibt doch ein unauswechselbarer individueller Punkt, mit dem man sich auseinandersetzen muss. Darum frage ich noch einmal nach der persönlichen Autonomie am Lebensende unter Bedingungen, die der Einzelne nicht spontan ändern kann.

Die persönliche Autonomie am Lebensende

Philosophisch ist der Mensch als freies, aber abhängiges, als individuelles, aber auf Beziehungen angewiesenes Wesen zu verstehen. Der Mensch bedarf der Freiheit ebenso wie der Liebe, der Autonomie ebenso wie der Fürsorge. Er ist – so die theologische Aussage – bereits angenommen, bevor er seine Identität und seine Anerkennung selbst findet. Zur Selbstbestimmung gesellt sich daher die Gelassenheit; zwischen der Ausweitung der individuellen Entscheidungsräume und dem Sich-Einfügen in das eingeschränkte Leben ist die Balance immer wieder neu zu finden.

Im Sterben geht es, so meinen viele Menschen heute, um *mein* Leben, um seine Perfektionierung oder um die Minimierung seiner Einschränkungen. In diesem Sinne wird bei durch die Medien intensiv bekannt gemachten Extremfällen von „individuellen Rechten zum Sterben" gesprochen. In einer medialen Gesellschaft wird stets die Dramatik der Einzelerfahrung inszeniert. Die Einzelerfahrung erhält Verallgemeinerungstendenz: Aus dem „ich, aber nicht jeder" wird dann leicht „jeder sollte doch eigentlich" usw. Wo kasuistische Rechtstraditionen immer globaler werden, wird diese Tendenz verstärkt. Diese Einstellung reicht bis in neue Formen der Sterbekultur, bis in erwünschte Behandlung der eigenen Leiche und deren Bestattungsart hinein. Zugleich vermindern sich oder erlöschen sogar die Pietät und die Fürsorge gegenüber den Gräbern naher Angehöriger, und die Friedhöfe verlieren viel von ihrer Funktion als wöchentliche Begegnungsstätte. Mobilität des Berufslebens, Individualisierung des Alters und das Leitmotiv Selbstbestimmung spielen hier eine große Rolle.

Das Gegenmotiv ist auch gesetzt: Von Ärzten wurde in Debatten mir gegenüber oft betont, dass die Wünsche nach lebenserhaltenden Maßnahmen, die nicht medizinisch sinnvoll seien, verbreiteter seien als die Wünsche nach Lebensverkürzung unter Belastung. Das Individuum wehrt sich – meistens wehrt es sich gegen die Lebensverkürzung.

Demgegenüber wird gefragt, ob es nicht nur um Selbstbestimmung, sondern auch um Selbstverpflichtung gehe: im Arztethos, aber auch in der Frage, inwieweit nur die Erhaltung *des Lebens* den Wunsch der *Freiheit* respektiert, Freiheit weiterhin zu erhalten.

Begeben wir uns also auf die Suche nach dem authentischen Wollen. Aber auf eine Suche, die nicht nur die Frage der Verantwortung auf die eigenen Wünsche lenkt, sondern sich zugleich danach fragt, was es über das Selbstverhältnis hinaus bedeutet, verantwortete Entscheidungen zu treffen.

Bei einiger Überlegung würden wir zugestehen, dass Selbstbestimmung weder bindungslose Willkür in der eigenen Lebensführung noch Beschädigung, Bevormundung oder gar Instrumentalisierung eines anderen sein sollte. Die erste Einschränkung bezieht sich darauf, dass Selbstbestimmung ethisch gesehen auch die Verpflichtung auf die Kontinuität eigener Grundsätze enthält. Niemand wählt eine Handlung aus dem

Nichts heraus. Wenn eine Handlung verantwortlicher Ausdruck des eigenen Selbst sein soll, also dem eigenen Gewissen verpflichtet ist, dann bedarf sie zumindest der moralischen Selbstvergewisserung. Der Mensch mag tun, was er will, aber er ist darauf angewiesen, sein Wollen zu erforschen und zu klären. Er steht also vor der Frage: Soll mein Wollen unauswechselbar und ausschließlich mein eigenes Wollen sein und daher nur zufällig für andere gelten, weil sie das Gleiche wollen, oder soll mein Wollen daran geprüft werden, dass es unter gleichen Umständen, Voraussetzungen und Folgenerwartungen für alle gelten könnte? Selbstbestimmung als eine Art ausschließlicher individueller Selbstgesetzgebung – unter weitgehender Ausblendung der sozialen Voraussetzungen und Wirkungen – steht einer Selbstgesetzgebung als Prüfung der eigenen Grundsätze und der eigenen sozialen Verantwortung gegenüber. Wer Selbstgesetzgebung im ersteren Sinn, der soziale Bezüge ausklammert, zum Maßstab sozialer Verantwortung erhebt, hebelt diese letztlich aus. Zudem gerät er unter den Druck, Selbstbestimmung von außen her auf authentisches Wollen hin prüfen zu müssen. Daraus entsteht das Paradox, dass die Selbstbestimmung, sie sich von sozialer Bevormundung befreien will, sozial oder rechtlich dahingehend überprüft wird, ob sie authentisch ist. Leider werden diese widersinnigen Aspekte im üblichen Diskurs über Selbstbestimmung meist vergessen.

So gesehen bedeutet die Förderung des „individuellen" Angebotes zugleich auch die Förderung seiner Nachfrage und die Förderung des Bedarfes an Kontrolle von Freiwilligkeit („informed consent").

Sterben wird von vielen als die allerindividuellste Sache der Welt betrachtet. Man hört: So will ich nicht am Leben bleiben; so will ich nicht sterben. Darin steckt fast stets ein Protest gegen eine erlebte oder erzählte Situation, in der es an Lebens-/Sterbensqualität mangelte. Nachdem in der Medizin die Selbstbestimmung („informed consent") zu Recht eine steile Karriere gegen die dominierende ärztliche oder pflegerische Fremdentscheidung („Paternalismus") angetreten hat, lockt man sie jetzt über dieses Ziel hinaus. So fühlt sich mancher im medizinischen und pflegerischen Handeln bei kranken und pflegebedürftigen Menschen erst dann abgesichert, wenn er nachweisen kann, dass er, ohne selbst zu urteilen, einer informierten Zustimmung oder Ablehnung gefolgt ist. Der Gewissensvorbehalt gilt selbstverständlich auch für denjenigen, der sich auf individuelle Entscheidungen eines anderen einlässt. Aber ist es nicht leichter, diesen Vorbehalt zu reduzieren, indem man ihn auf die Dienstleistung an der Freiheit des anderen und auf das „Mitleid" reduziert? Es sei daran erinnert, dass, wenn der Theologe J. B. Metz von „compassion" spricht, er nicht einen individuellen Mitleidsakt, sondern eine christliche Lebensform meint.

Für sich selbst zu entscheiden ist die eine Perspektive, Regeln dafür aufzustellen, wie sich alle in Freiheit und Verantwortung entscheiden können, ist die andere. Viele übersehen, dass es nicht nur um existenzielle Betrachtungen geht. Vielmehr geht es auch um Gesetze für alle: zur Pflegekarenz, zur Betreuung, zur Sterbebegleitung, damit auch um eine gemeinsame Bürgerverantwortung. Wer Selbstbestimmung nur als ungehinderte Wahlmöglichkeit betrachtet, der alle anderen Beteiligten ihre eigene Verantwortung zu unterstellen haben, übersieht, dass eine verantwortliche Selbstbestimmung stets den anderen mit im Blick und mit im Boot haben sollte. Verantwortung enthält auch Selbstverpflichtung. Regeln sind nicht nur für mich da, sondern für jeden. Will man lernen, wie man mit dem unausweichlichen Abklingen des Lebens umgeht, ist verantwortliche Selbstbestimmung auch daran erkennbar, ob man z. B. in Pflegeheimen aushilft. Wünsche äußern und den Rest verdrängen sind noch nicht moralisch.

Ins Gewand der Selbstbestimmung gehüllt, sehen uns unsere Mängel an Schmerzbekämpfung, sozialer Kommunikation und Zuwendung, Pflegebereitschaft und Betreuung mit harten Augen an. Dahinter steht nicht nur ein Mangel des Engagements in der Zivilgesellschaft, den wiederum Hospize zu verringern versuchen, sondern auch ein soziales Defizit in der Gesundheitsökonomie. Wer Leistungen erbringen soll, die nicht mehr abgerechnet werden können, braucht einen gewissen Heroismus. Soziale Gesetze sind eigentlich dazu da, den Bedarf an heroischem Einsatz zu verringern. Wer sieht, dass er zur Last fällt und isoliert bleibt, büßt Lebenssinn ein. So wie ständig von wachsender „Eigenverantwortung" geredet wird, wenn man Probleme „nach unten" abschieben will, so wird gern von Selbstbestimmung geredet, wenn die Mittel knapp werden. Es sind nicht nur knappe finanzielle Ressourcen, die Antriebskraft der Selbstbestimmung ist auch kein Motor für soziale Verantwortung. Oder liegt diese Verantwortung nur darin, den Service für Einzelentscheidungen zu liefern?

Wo spricht denn unser Selbst? Wo ist es authentisch? Wo ist seine Würde zu respektieren? Wenn es um alle und jeden geht, braucht man immer wieder Kriterien, um solche Fragen zu beantworten. Je mehr Kriterien man dafür aufstellt, umso länger werden die Formulare. Jeder kennt dies von den Beipackzetteln. Als wenn der gesunde Menschenverstand nicht wüsste, dass man mit jeder Subtilität, die lukendicht sein soll, neue Lücken aufreißt! Selbstbestimmung ohne zureichende Beratung verschlimmert den Zustand, den die Propaganda für Selbstbestimmung zu beheben vorgibt.

Wäre es nicht besser, wir würden uns als Beziehungsmenschen sehen, die Vertrauen brauchen und die nicht alles als Einzelne im Griff haben? Und zugleich als Menschen, die eine Bürgerverantwortung dafür tragen, dass Menschen geholfen wird, ihren Schmerz zu bestehen und mit Einschränkungen an unserer Hand zu leben?

Wäre es nicht besser, wir würden Selbstbestimmung mit der Einsicht in die Fehlerfähigkeit unserer Entscheidungen verbinden, mit der wir als endliche, imperfekte Wesen rechnen müssen? Entstünde daraus nicht mehr *Gelassenheit* angesichts der Einschränkungen, der unsere Fähigkeit, die eigenen Lebenssituationen vorauszuplanen, unterliegt? Unter Gelassenheit verstehe ich hier nicht eine Art altersmäßiger Unaufgeregtheit (wie Wilhelm Schmidt), sondern die Fähigkeit, sich vertrauensvoll *überlassen* zu können. Ich meine damit nicht eine letzte Aktivität, die man religiös in der Großzügigkeit des Gottes, der mir das Leben überlässt, verankert, sondern ich meine damit eine fundamentale Passivität, die Aktivität nicht ausschließt, aber diese bis zuletzt in die Aufgabe verwandelt, andere über das eigene Geschick, indem man es annimmt, zu trösten. Dies habe ich durch Kranke und Sterbende, die sich darein ergeben konnten, gelernt.

Dies ist nicht rigoros und heroistisch gedacht. Spiritualität kann

man nicht vorschreiben. Aber neben einer nonkonformisti-
schen Perspektive ist es vielleicht auch sinnvoll, auf eine spirituelle Perspektive zu verweisen. Gerade diese Perspektive
steht heute christlich im Konflikt. Vielleicht wäre es gut, auch
darüber mehr zu sprechen.

Jean-Pierre Wils

DER ÄRZTLICH ASSISTIERTE SUIZID – EINE ANFRAGE

„Wenn der ethische Impuls in erster Linie durch einen starken Abwehrreflex geprägt ist, der jegliche Versuche einer Liberalisierung der Sterbepraxis unter Missbrauchsverdacht stellt, dann hat die geduldige Arbeit an der Verwirklichung von mehr Patientenautonomie einen schlechten Stand. Wer das Selbstbestimmungsrecht des Menschen im Angesicht des Todes ernst nimmt, huldigt nicht automatisch einer ‚Kultur des Todes', sondern versteht sich in der Regel als ein Freund des Lebens, der ganz bewusst für das Sterben als den letzten Teil des Lebens sein Mitbestimmungsrecht geltend macht. Wer dies als feiges Ausweichen vor der Herausforderung des Todes diffamiert, droht in das alte Muster einer positiven Sicht des Leidens als von wem auch immer auferlegter ‚Prüfung' zurückzufallen, die es mit Demut (oder gar mit olympischem Ehrgeiz im Zweikampf von Tod und Leben?) zu meistern gelte."
(Walter Lesch)[1]
„Die sich widersprechenden Deutungen und Sinngebungen des Todes scheinen die Menschen heutzutage weniger zu elektrisieren als die ethischen Alternativen in der Gestaltung des Sterbeprozesses. Diese Verschiebung ist meines Erachtens grundsätzlich zu begrüßen. Denn die Zeiten eines Sinnstiftungsmonopols in Fragen von Leben und Tod sind unwiederbringlich vorbei. Freilich wiederholen sich manche der weltanschaulichen Gegensätze im Gewand ethischer Diskurse, die jedoch den Vorteil haben, sich in der Praxis bewähren zu müssen. Über metaphysische Hintergrundannahmen lässt sich vortrefflich streiten. Sie können jedoch in einer pluralistischen Gesellschaft nicht zum Gegenstand verbindlicher Normierungen gemacht werden." *(Walter Lesch)*[2]

---

1 Walter Lesch: Übersetzungen. Grenzgänge zwischen philosophischer und theologischer Ethik (Studien zur theologischen Ethik 139), Freiburg 2013, S. 413.
2 Ebd.

EINIGE BEMERKUNGEN VORAB

Die Diskussion um den ärztlich diskutierten Suizid hat in den letzten Monaten Fahrt aufgenommen. Weil das Thema moralisch regelrecht geladen ist, stößt man immer wieder auf eine Sprache, die zu denken gibt. Sie kann verharmlosen. Sie kann – ungewollt – unangemessen oder einseitig sein. Und sie kann das Ansinnen der jeweils anderen Position der Lächerlichkeit preisgeben. Zur letzteren Kategorie gehört der zynische Hinweis, nicht der Arzt, sondern „der Klempner" oder der „Tierarzt" sei zuständig, sobald ein Patient um eine Beschleunigung seines Sterbens bitte. Zur Verharmlosung gehört die Auffassung, der Suizid sei eine empfehlenswerte Tat, mit der das Leben wahlweise beendet werden könne. Unangemessen oder einseitig ist in diesem Zusammenhang eine Sprache, der Wichtiges aus dem Blick geraten ist. Im Folgenden werde ich mich vor allem auf die beiden letzten Gefahren richten, beginnend mit der zweiten.

Die Sterbehilfe in all ihren Varianten bietet uns keine *Lösungen* an. Wer diese erwartet, erwartet Falsches. Die Sterbehilfe ist Teil eines unlösbaren Problems. Das Sterben kann in seiner Dramatik gelindert, abgemildert oder sanfter gestaltet werden, *gelöst* werden kann es dagegen nicht. Denn da ist kein Problem, das einer Lösung harrt. Der Tod ist kein Problem, sondern ein Faktum. Und damit kann auch das Sterben kein Gegenstand einer Problemlösungsstrategie werden. Diese Feststellung mag trivial klingen, aber sie ist nötig angesichts der simplen Empfehlungen, die häufig und leichtfertig ausgesprochen werden. Wir müssen das Gefühl für die *Tragik* mancher Sterbesituationen wiedergewinnen, damit wir angemessen mit ihnen umgehen. Tragische Situationen sind nun aber solche, die zufriedenstellende Lösungen nicht zulassen, *weil es da nichts zu lösen gibt*. Das Sterben und der Tod sind Bestandteile einer fundamentalen Unlösbarkeit, der Unlösbarkeit unserer Existenz.

Es ist nachvollziehbar, dass in einer solchen Lage zu *Bildern* gegriffen wird. Sie vermögen es, uns zu treffen, gegebenenfalls sogar zu rühren. Zu diesen Bildern gehört der Satz, Menschen sollten *an* der Hand, aber nicht *durch* die Hand Anderer sterben. Der Satz hat eine hohe Suggestivkraft, aber er sagt leider nicht, *weshalb* nicht durch die Hand Anderer gestorben werden dürfe. Im Grunde hat dieser Satz die moralische Debatte bereits hinter sich gelassen und enthält er – in einer weichen Formel – ein Diktat. Er schließt beispielsweise den ärztlich assistierten Suizid aus. Wir können uns nur wappnen gegen die Suggestion der Bilder, indem wir auf die Präzision von Begriffen und Argumenten zurückgreifen. Aber welche Begriffe sind einschlägig und welche Argumente zählen? Eine Königskategorie ist die der Selbstbestimmung oder Autonomie. Ich meine, dass sie das *zu Recht* ist. Sie hat nahezu einen Grundrechtsstatus. Aber wie wir gleich sehen werden, ist auch sie keineswegs harmlos.

Was wir brauchen, sind *komplexe Beschreibungen komplexer Situationen*. Ein nicht geringer Teil der Debatte um den „ärztlich assistierten Suizid" (und um die „Tötung auf Verlangen") hängt meines Erachtens damit zusammen, dass die *einfachen* Beschreibungen mittlerweile als unstimmig empfunden werden. Die Normen werden als zu rigide erfahren. Es wird *der Protest der Erfahrung gegen den Rigorismus der Norm* laut. Selbstverständlich haben moralische und strafrechtliche Normen eine Kontrollfunktion. Und sie prägen das Selbstbild ihrer Adressaten. Sie haben eine normative Ordnungsfunktion. Aber sie können zu einer puren Disziplinarfunktion verkommen, wenn sie in keinerlei Hinsicht mehr Schritt halten mit den komplexen Erfahrungen einer Gesellschaft. Dann schlägt die Stunde der Emanzipation. Der Umgang mit Homosexualität stellt nur ein Beispiel unter vielen dar: Der moralische Sinn hat sich von den einstigen (und vermeintlichen) Plausibilitäten abgewandt und zu neuen Haltungen, Normen und Gesetzen veranlasst. Der Protest der Erfahrung gegen den Rigorismus der Norm war in diesem Falle erfolgreich. Es gehört wenig Klarsicht dazu, zu sagen, dass wir uns in den Angelegenheiten der Sterbehilfe heute ebenfalls in einer solchen Situation befinden.

Der Rigorismus der Norm, von dem soeben die Rede war, wird auch dort sichtbar, wo man ihn zunächst nicht vermutet – in der *Interpretation* des Suizids. Was ich meine, ist die *Pathologisierung* der Selbsttötung. Aber auch hier ist Vorsicht geboten. Die Selbsttötung galt (und gilt) in der christlichen Tradition als eine der schwärzesten Sünden. Sie wurde als Sünde gegen Gott, gegen die menschliche Natur und gegen die Gemeinschaft verstanden. Der Umgang mit dem Leib der Selbstgetöteten gehört zu den dunklen Kapiteln jener Tradition. Die radikale und gnadenlose *Moralisierung* der Selbsttötung und ihre daraus folgende *Kriminalisierung* wurden von ihrer *Pathologisierung* abgelöst. Das war zweifelsohne ein Fortschritt. Der Selbsttötungswillige wurde nun als hilfsbedürftig, als therapiebedürftig eingestuft. Der Suizid gilt fortan als ein psychopathologischer Sachverhalt, der medikalisiert und psychologisiert werden muss. Und nicht wenige Selbsttötungen und Selbsttötungsversuche weisen in der Tat ein solches Profil auf. Aber diese (dankenswerte) Entwicklung hat ihrerseits eine Schattenseite: Die Auffassung, es gäbe *authentische* Todeswünsche, also solche, die *tatsächlich* auf einer wohlüberlegten und deshalb freien Entscheidung der betreffenden Person beruhen, wurde fundamental in Zweifel gezogen. *Jedes* suizidale Verlangen wird nun als pathologisch eingestuft und der Wunsch zu sterben als Ausdruck eines *anderen* Verlangens, beispielsweise als der Wunsch nach sozialer Geborgenheit oder zwischenmenschlicher Nähe, uminterpretiert.

An die Stelle der Moral rückt nun die Therapie. Im Grunde findet jetzt eine ultimative Entmündigung statt, welche die Glaubwürdigkeit der sterbenswilligen Person grundsätzlich in Zweifel zieht und ihren Wunsch als das Ergebnis eines Selbstmissverständnisses darstellt. Das Motiv hinter dieser Entwicklung ist zwiespältig. Da existiert einerseits die berechtigte Sorge, die betreffende Person sei im strikten Sinne nicht zurechnungsfähig, die Handlung sei ein Kurzschluss oder das Ergebnis einer zeitweiligen Verstörung. Aber da existiert noch ein anderes Motiv: Das, was mit den eigenen Moralauffassungen nicht kompatibel ist, wird pathologisiert. Sämtliche Sterbewünsche, die von den eigenen moralischen Überzeugungen abweichen, fallen dann einer Hermeneutik des Verdachts anheim: Das, was der Sterbewillige sagt, ist niemals das, was er meint. Der Außenstehende weiß es grundsätzlich besser, denn er bewahrt einen kühlen Kopf. Ich halte eine solche Hermeneutik des Verdachts für übergriffig.

Dass wir den Suizid vor einer grundsätzlichen Pathologisierung bewahren sollten, heißt nicht, dass wir ihn nun einer Strategie der *Normalisierung* unterwerfen dürfen. Nach der Moralisierung und der Pathologisierung wäre sie – die Normalisierung – die dritte, unangemessene Stufe. Die Selbsttötung bleibt nämlich ein schreckliches Ereignis. Wie gesagt – das Leben bzw. der Prozess des Sterbens kann Schreckliches enthalten, so dass die Selbsttötung zum „minus malum", zum geringeren Schrecken, wird. Aber schrecklich bleibt er trotzdem. Der Protest gegen seine Moralisierung und Pathologisierung darf uns nicht zu seiner *Verharmlosung* verführen. Die Verharmlosung des Suizids soll ihn attraktiv machen im Sinne einer rational plausiblen Option. Aber Letzteres kann er nie sein. Wie gesagt – er bleibt schrecklich.

AUF DEM WEG IN EINE SUIZID-GESELLSCHAFT?

Wer kennt nicht die famose Hamlet-Frage (dritter Akt, erste Szene), die als die berühmteste Suizid-Frage der Literaturgeschichte gilt?

> „Sein, oder nicht sein, das ist die Frage:
> Ob's mehr uns adelt wohl im Geist, die Pfeile
> Und Schleudern wüsten Schicksals stumm zu dulden,
> Oder das Schwert zu ziehn gegen ein Meer der Plagen
> Und im Anrennen enden: sterben – schlafen,
> Mehr nicht; und sagen, dass durch einen Schlaf
> Wir's Herzweh enden und die tausend Lebenshiebe."

Zur Zeit Shakespeares – „Hamlet" entstand um 1600-1601 – waren jene Frage und der Zweifel hinsichtlich des Erduldens oder des Handelns angesichts des „Seins" noch völlig ungewöhnlich. Wie bereits gesagt: Seit Jahrhunderten umgab den Suizid ein christliches Tabu. Er wurde als eine Todsünde ersten Grades gewertet, als dreifache Grenzüberschreitung: als Missetat gegen die Gemeinschaft, gegen die eigene Person und gegen Gott, den Schöpfer. Wer sich selbst tötet, entzieht sich den Pflichten, die gegenüber der Gemeinschaft bestehen. Er handelt gegen ein elementares Gesetz der menschlichen Natur

– gegen die Selbsterhaltung. Und er missachtet das Gesetz des Schöpfers, das uns dazu anhält, das Leben als Geschenk und als Aufgabe zur Vervollkommnung zu betrachten. Höchst selten sind bis dahin im Christentum Stimmen zu vernehmen, die auf ein gewisses Verständnis für den Täter oder die Täterin hinweisen. Erasmus von Rotterdam und Michel de Montaigne gehören zu diesen Ausnahmen.

Wir wissen, dass das christliche Zeitalter mit einer andersgearteten Tradition brach – mit der griechisch-römischen –, in der die Selbsttötung *kein* Tabu darstellte. Allerdings sollten wir uns davor hüten, einem Klischee aufzusitzen, demzufolge in der Antike die Selbsttötung allseits akzeptiert war (und entsprechend häufig praktiziert wurde). Beides ist keineswegs der Fall. Im Ganzen blieb die Selbsttötung umstritten. Gleichwohl gehörte sie zu den moralischen Optionen angesichts des Unabänderlichen. Die Selbsttötung konnte als ein Akt souveränen Entscheidens gewertet werden, als ultimative Herrschaft über sich. Die freiwillige Übernahme des Todes – die Bestimmung des Zeitpunktes und die Bestimmung des „Wie" – war Teil einer Auffassung über die eigene Lebensführung, die sich weder vom Schicksal noch von den natürlichen Gegebenheiten von Schmerz und Leiden, noch von einem Gott das Gesetz des Handelns vorschreiben ließ.

Beide Konzepte – das christliche und das antike – haben ihr Für und Wider. Das Christentum hat eine Kultur der Fürsorge und der Caritas entwickelt, in der die Anteilnahme am Leid des anderen und die Hinwendung zum von Schmerzen Geprüften im Vordergrund stehen. Der Suizid jedoch war ein Verbrechen gegen die eigene Person. Der Preis, den man für diese Auffassung gezahlt hat, war nicht gering. Ich habe auf diesen Preis bereits aufmerksam gemacht: Gemessen an unseren Maßstäben, müsste von einer Entmündigung der Person im Hinblick auf die existenziellste ihrer Angelegenheiten die Rede sein – die Entmündigung angesichts des Todes. Ich sage bewusst „gemessen an unseren Maßstäben", denn diese, also „unsere" Maßstäbe, standen den Menschen in den Jahrhunderten vor dem Christentum *nicht* zur Verfügung.

Die Antike hat dieser Mündigkeit ‚in ultimo' großes Gewicht beigemessen, auch wenn wir diese andersartige Wertung, wie gesagt, nicht übertreiben sollten. Der selbstbestimmte Tod war jedoch nicht grundsätzlich negativ konnotiert. Die Tür angesichts unerträglichen oder unehrenhaften Leidens zu öffnen, damit man *selbst* über die letzte Schwelle treten konnte, war eine beliebte, vor allem in der Stoa verbreitete Metapher. Aber auch diese Haltung hatte ihren Preis. Die Souveränität des Einzelnen hatte eine gewisse Distanz der Anderen zur Folge. Souveränität hat eben ein nicht unbeträchtliches Maß an Einsamkeit der Person zur Folge, die diese Entscheidung und ihre Durchführung zu verantworten hat.

Vermutlich entkommen wir diesen Ambivalenzen auch heute nicht – auf *beiden* Seiten der Alternative. Oder sollte man an dieser Stelle besser formulieren, wir *sollten* diesen Ambivalenzen nicht entkommen? Denn mittlerweile macht sich langsam ein Klima der Suggestion breit, in dem der Suizid am Lebensende als allzeit plausibler, angesichts von Pflegenotstand, umgekehrter Bevölkerungspyramide und finanzieller Überforderung gleichsam naheliegender Abgang gefeiert wird. Es scheint so, als sei dieser Schritt aus gesundheits- und sozialpolitischen Erwägungen gewissermaßen alternativlos und darüber hinaus äußerst klug. Als ideologischer Kitt wird die Autonomie des Einzelnen in Szene gesetzt: Er habe nicht nur das Recht auf einen selbstgewählten Tod, sondern der Suizid sei geradezu der Gipfel eines souverän, autonom geführten Lebens. Es gehöre zur Würde bzw. zur Vorbeugung eines drohenden Würdeverlustes, sich auch in der letzten Lebensphase das Heft nicht aus der Hand nehmen zu lassen.

Nun sollte man die Lage gewiss nicht dramatisieren. Die empirische Verlässlichkeit der Hinweise auf diesen Mentalitätswandel dürfte strittig sein. Von einer massenhaften Tendenz zur Praktizierung des Suizids in medizinisch ausweglosen Lagen kann jedenfalls keine Rede sein. Und es mag zutreffen, dass die Gegner einer Liberalisierung der Sterbehilfe (wie in Deutschland) dazu neigen, die Sachverhalte zu übertreiben. Aber auch als Befürworter einer Liberalisierung (oder als Verteidiger einer bereits erfolgten Liberalisierung) lässt sich schwer leugnen, dass eine euphemistische Sprache um sich greift, die den Todeszeitpunkt ebenso wie zahllose andere Lebensangelegenheiten als Gegenstand einer individuellen Entscheidungskompetenz auffasst, gegen die Bedenken zu erheben als rückständig gilt. So als käme es darauf an, sich endlich aus den autoritären Fängen einer rückständigen christlichen Moral zu befreien, die es immerhin jahrhundertelang geschafft habe, Sterbende mundtot zu machen und diese einem kaum verbrämten religiösen Sadismus hilflos auszusetzen. Die Zeit sei gekommen, dem endlich ein Ende zu bereiten und im Sinne einer weiteren Aufklärung zu einem Ausgang aus fremd- und heute selbstverschuldeter Unmündigkeit in Sterbeangelegenheiten aufzurufen.

Was auf der einen Seite als Ideal propagiert wird, kann auf der anderen Seite, auf der der direkt Betroffenen, leicht zu einem Zwang werden, sich dieser vermeintlichen Eindeutigkeit eines als souverän dargestellten Sterbens zu beugen. So entsteht ein Klima, in dem der Wunsch, sich diesem Ideal nicht zu unterwerfen, begründungsbedürftig wird. Verantwortung abgelegt werden muss nun nicht länger mehr für die schwere Wahl, sich (mit oder ohne Assistenz) das Leben zu nehmen, sondern genau dafür, dieses *nicht* zu tun. Die Suggestion, der Freitod sei im Grunde angesichts der vielen anderen Möglichkeiten des Sterbens *rational* oder zumindest Ausdruck eines vernünftigen Lebenskonzeptes, führt dann schnell zur Auto-Suggestion, weder sozial noch moralisch gäbe es eine sinnvolle und verantwortbare Alternative.

Ich wiederhole: Diese Sätze entstammen nicht der Feder eines Gegners einer Liberalisierung der Sterbehilfe. Im Gegenteil. Aber was den Autor dieser Zeilen stört, ist die triumphale Geste, mit der manchmal der Suizid als *Lösung* dargestellt wird. Ich befürchte, dass es eine solche Lösung weder geben kann noch geben darf. Das Sterben lässt sich überhaupt nicht *lösen*, es kann bestenfalls human und das heißt mehr oder weniger erträglich gestaltet werden. Es *kann* deshalb nicht gelöst werden. Allen Versuchen, einen wie auch immer gearteten Königsweg des Sterbens aufzuzeigen, müssen wir deshalb widerstehen. Eindeutigkeit lässt sich hier nicht erzwingen, weil die Mehrdeutigkeit nicht aus der Welt (des Sterbens) geschafft werden kann.

Man braucht über nur wenig Expertenwissen zu verfügen, um sich darüber im Klaren zu sein, dass der Freitod ein höchst komplexes, widersprüchliches und ambivalentes Phänomen ist. Zu einer Sterbe*strategie* lässt er sich nur gewaltsam verbiegen – auf Kosten der Sterbenden. Der Freitod ist und bleibt, auch und gerade im Hinblick auf den Prozess des Sterbens, ein höchst intimer, schmerzlicher und tragischer Sachverhalt. Natürlich stimmt es, dass die menschliche Würde sich *auch* im Entschluss zum Freitod ausdrücken lässt. Aber die Berufung auf die menschliche Würde macht den Freitod *nicht* zu einer unproblematischen Angelegenheit.

Genauso wenig verfängt das Argument, dass das Sterben eine höchst persönliche Angelegenheit sei, weshalb es jedem freistehe, sich für oder gegen den Freitod zu entscheiden. Das Argument ist auf einer trivialen Ebene richtig. Aber das Sterben *ist* keine triviale Angelegenheit. Die ganze Semantik der freien und individuellen Entscheidung entpuppt sich bei näherem Hinsehen als eine abstrakte Sprache, die wenig mit den Realitäten zu tun hat. „Frei" kann die Selbsttötung genannt werden, weil niemand das Recht hat, jemanden mit Gewalt von einem solchen Entschluss abzubringen. *Diese* Freiheit gilt es zu verteidigen. Aber wir sollten nicht den Versuch unternehmen, das Sterben zu banalisieren. Die Verklärung der Selbsttötung, erst Recht ihre Propagierung käme einer solchen Banalisierung gleich.

SCHWIERIGKEITEN MIT DER EINORDNUNG

Es gibt Lebenslagen, die sich einer eindeutigen Normierung entziehen. Diese Feststellung trifft erst recht auf manche Sterbelagen zu. Die sogenannte Sterbehilfe in all ihren Varianten ist durch eine solche Mehrdeutigkeit gekennzeichnet. Wir haben es hier mit einer „Moral extremer Lagen" (Guntolf Herzberg)[3] zu tun, und eine solche Moral ist selten oder nie eindeutig. Diese Unschärferelation hängt nicht bloß mit einem schwer auf eine einfache Formel zu bringenden moralischen Urteil zu-

---

3 Guntolf Herzberg, Moral extremer Lagen. Menschliches Handeln unter Entscheidungsdruck zwischen Leben und Tod, Königshausen & Neumann: Würzburg 2012.

sammen, sondern zunächst mit Unsicherheiten auf der Ebene der Beschreibungen dessen, wie die Handlungen sich markieren lassen. Wir müssen die *Urteilsunsicherheit* demnach von der *Beschreibungsunsicherheit*, also die normative Ebene von der deskriptiven Ebene, trennen. Um das zu demonstrieren, greife ich auf die herkömmlichen Unterscheidungen zurück, vermeide allerdings weitgehend die „aktiv"-„passiv"-Sprache, weil sie uns in die Irre führt.

Es lassen sich die Handlungsoptionen im Bereich der Sterbehilfe folgendermaßen unterscheiden: die „Tötung auf Verlangen", der (ärztlich) „assistierte Suizid", die „Inkaufnahme einer nicht intendierten Lebensverkürzung" als Folge schmerztherapeutischer Interventionen", der „Abbruch medizinischer Maßnahmen" und der „Verzicht auf weitere medizinische Interventionen". Diese Reihenfolge spiegelt die abnehmende Linie der moralischen Problematik wider. Moralisch am meisten umstritten ist die „Tötung auf Verlangen", am wenigsten umstritten (wenn auch nicht gänzlich unumstritten) sind die beiden letzten Handlungstypen. Im Falle dieser zwei, aber auch bei der „Inkaufnahme einer nicht intendierten Lebensverkürzung" spricht man inzwischen häufig von der „Abänderung des Therapieziels": Man gibt das *kurative* Ziel auf und wechselt in die *Palliativ*-Zone. Wir tun gut daran, zur Charakterisierung dieser verschiedenen Handlungen auf die Prädikate „aktiv" und „passiv" zu verzichten.

Die grobe Unterscheidung zwischen „aktiver" und „passiver" Sterbehilfe ist – bezogen auf die Analyse der Handlungsabläufe – nämlich falsch, denn streng genommen kann hier *nirgends* von Passivität die Rede sein. Der Abbruch einer Behandlung wird oft unter die „passive Sterbehilfe" eingeordnet, wobei der Vorgang ein eindeutiges Tun darstellt. Der Abbruch ist die Folge einer Intervention, einer *beendenden* Intervention und somit eines Tuns. Ein „passives Tun" ist ein hölzernes Eisen, weshalb man jene Prädikate – die Prädikate „aktiv" und „passiv" – vermeiden sollte. Was sie ausdrücken *wollen, aber nicht können*, ist der Schweregrad der *moralischen* Qualität der betreffenden Handlung. Die „passive" Sterbehilfe wird in moralischer Hinsicht völlig zu Recht als weniger schwerwiegend und weniger problematisch als die „aktive" Sterbehilfe empfunden.

Aber wenn man das zum Ausdruck bringen will, sollte man die Vermischung moralischer Urteile und handlungsanalytischer Beschreibungen tunlichst vermeiden.

Die *realen* Übergänge zwischen jenen Maßnahmen können in vielen Fällen nicht scharf gezogen werden. Verzicht und Abbruch lassen sich von den anderen drei Handlungsmöglichkeiten relativ leicht unterscheiden. Das ist im Falle letzterer untereinander keineswegs der Fall. Die „Inkaufnahme einer nicht intendierten Lebensverkürzung als Folge einer schmerztherapeutischen Behandlung" kann nicht immer trennungsgenau von einer „Tötung auf Verlangen" unterschieden werden. Ein Palliativmediziner kann den Wunsch seines Patienten um Lebensverkürzung kennen und die Dosierung der schmerztherapeutischen Maßnahmen deshalb über das Maß der puren Schmerzlinderung hinaus festlegen. Wie wir aus empirischen Untersuchungen wissen, findet diese Grenzverlegung keineswegs selten statt. Zwar heißt es *in der Theorie*, dass die Lebensverkürzung nicht intendiert sei, aber Intentionen lassen sich nur schwer feststellen, geschweige denn kontrollieren.

Auch beim ärztlich assistierten Suizid ist die Grenzziehung nicht immer leicht möglich. Wiederum *in der Theorie* wird von der *Tatherrschaft* der sterbewilligen Person gesprochen. Das ist auch in praktischer Hinsicht angemessen, denn sie ist das eigentliche Agens in dieser Situation. Aber wir würden nicht von der Suizid-Assistenz (oder der Beihilfe zum Suizid) sprechen, wenn da nicht eine dritte Person wäre, die sich gleichsam in die Tatherrschaft – diese *ermöglichend* – hineinschieben würde. Und was passiert, wenn diese sterbewillige Person darum bittet, dass die dritte Person, beispielsweise der Arzt, den Giftbecher beim Trinken festhält, weil sie die eigene Hand nicht länger steuern kann? Ist damit die Grenzlinie zur aktiven Tötung vollzogen? Handlungsanalytisch sind nun zwei beteiligt, aber *woran* sind sie beteiligt?

Eine weitere Bemerkung sei erlaubt. Mit Blick auf die Benelux-Länder wird häufig auf den Missbrauch der dort erlaubten „aktiven Tötung" hingewiesen und auf Dammbrüche. Was bedeutet aber *Missbrauch* in diesem Fall? Dreierlei Sachverhalte werden oft vermischt: die steigende Zahl der Fälle, der soziale Druck bzw. die gesellschaftliche Erwartungshaltung und die

Verletzung der Sorgfaltskriterien bzw. die Grenzverletzung. Die steigende Zahl der Fälle stellt allerdings kein Argument dar. *Wenn* beispielsweise die aktive Sterbehilfe oder der ärztlich assistierte Suizid strafrechtlich (und moralisch) erlaubt sind, *dann* spielt die Quantität der Fälle keine Rolle. Die Zahl ist im Hinblick auf die moralische Qualität kein Maßstab. Moral ist keine Mengenlehre.

Wiederum mit Blick auf die „Tötung auf Verlangen" und auf den „assistierten Suizid" wird häufig auf den sozialen Druck hingewiesen, der Menschen in die Richtung dieser Sterbeweisen dränge. Ob und in welchem Ausmaß dieser Druck vorhanden ist, lässt sich schwer beurteilen. Aber wenn er fallweise tatsächlich existiert (wovon ich ausgehe), dann drängt er Menschen *auch* in die Richtung der anderen drei Sterbeweisen. In diesem Falle lastet er auf *allen* fünf Sterbehilfemaßnahmen und nicht bloß auf den soeben genannten.

SCHWIERIGKEITEN MIT DER AUTONOMIE

Sie ist uns lieb und teuer geworden – die Patientenautonomie. Seit mindestens vier Jahrzehnten steht sie im Zentrum der medizinethischen Debatten und wird als wichtige Emanzipationsformel gewürdigt. Auch in der Diskussion um die Sterbehilfe spielt sie eine überragende Rolle. In den letzten vier Jahrzehnten unterliegt das Konzept der Patientenautonomie allerdings einer Dynamik, die es zu problematisieren gilt.

Der Patient ist mündig geworden und hat sich – fallweise oder beides zugleich – aus der Vormundschaft einer zum Paternalismus neigenden Ärzteschaft oder aus seiner passiven Rolle in der Gesellschaft und der Politik zu befreien gewusst. Die beiden berühmten US-amerikanischen Medizinethiker Tom L. Beauchamp und James F. Childress hatten im Jahr 1977 in ihrem akademischen Bestseller *Principles of Biomedical Ethics* vier ethische Prinzipien unterschieden, die für das Gesundheitswesen fundamental sind: den Respekt vor der Autonomie des Patienten („Respect for Autonomy"), die Schadensvermeidung („Nonmaleficence"), die Verpflichtung zum Patientenwohl („Beneficence) und die Gerechtigkeit („Justice"). Die beiden mittleren Prinzipien gehörten seit jeher zum moralischen Kanon ärztlichen Verhaltens. Solange die medizinische Kunst nur eine geringe und oftmals gar problematische Wirkung erzielte, galt Vorsicht, also die Schadensvermeidung, als primäre Tugend. Und indem die Medizin erfolgreicher wurde, war eine zweite Tugend, die der Hebung des Patientenwohls, gefragt.

Die „Patientenautonomie" kam sehr spät hinzu und legte eine Erfolgsgeschichte hin, die dazu führte, dass sie alle Aufmerksamkeit auf sich zog, andere Wichtigkeiten zu absorbieren schien und zum Angel der medizinethischen Auseinandersetzungen wurde. Das vierte Prinzip – die „Gerechtigkeit" – konnte eine solche Karriere keineswegs verzeichnen. Letztere blieb gleichsam das Mauerblümchen der Medizinethik. Und mit ihr wurde der Solidaritätsgedanke für lange Zeit marginalisiert. Gerechtigkeits- und Solidarfragen waren zweitrangig geworden. Weshalb? Weil auf sie eine unbequeme Antwort gegeben werden muss, wie Ressourcen angemessen verteilt und medizinische Interventionen gegebenenfalls *begrenzt* werden.

Autonomie – ein unhintergehbares Recht und Ideal

Vielleicht sollten wir zunächst zweierlei Dinge unterscheiden – den Patienten und dessen Autonomie. Demnach lautet die erste Frage: „Was ist ein Patient?" Dem lateinischen Ursprung des Begriffs gemäß ist der Patient ein *Ertragender*. Er hat seine Erkrankung nicht frei gewählt, und diese führt im Einzelfall zu einer gravierenden Einschränkung seiner aktiven Lebensbezüge. Oftmals ist er nämlich ein Leidender, ein Hadernder, ein Passiv-Gewordener – jedenfalls gemessen an dem, was er als Gesunder kann und konnte. Patienten verlangen nach einer Zuwendung, sind auf unsere Sorge angewiesen. Für die Dauer ihrer Erkrankung haben sie gewissermaßen die Seite gewechselt. Es dürfte fraglos stimmen, dass die Hinwendung, das offene Ohr und das Gespräch mit ihnen einen essentiellen Beitrag zu ihrer Gesundung leisten. Vertrauen heilt.

„Was bedeutet Autonomie?", so lautet die zweite Frage. Im Zusammenhang mit ihrem Subjekt – dem Patienten – kann man auf zwei Merkmale hinweisen: auf die Entscheidungsautonomie und auf die Autonomie als ein Recht. Auf die Entscheidungsautonomie kommen wir zu sprechen, sobald ein Patient seine Zustimmung zu einem Behandlungsplan erteilen muss. Eine solche Entscheidung nennt man bekanntlich eine „informierte Zustimmung". Die Patientin ist über den Ablauf und die Risiken einer Behandlung aufgeklärt worden und hat zugestimmt. Er oder sie hat *selbst* bestimmt. Das Recht auf Autonomie wiederum bedeutet, dass Personen ein einklagbares Recht auf diese Entscheidung haben. Ihre Bestimmung darüber, wie medizinisch zu handeln sei, kann nicht um- oder übergangen werden. Etwas technischer ausgedrückt: Autonomie stellt das *negative Recht* bzw. das defensive Recht des Patienten dar, dass Handlungen oder Eingriffe seitens Dritter unterlassen werden müssen, es sei denn, es ist eine Zustimmung erteilt worden. Das Recht auf Autonomie korrespondiert demnach mit einer Unterlassungspflicht seitens der behandelnden Instanz. Diese Autonomie des Patienten ist ein normatives Prinzip, das meiner Meinung nach unhintergehbar ist. Seine Geltung darf nicht hinterfragt werden.

Von diesem Prinzip bzw. von diesem Recht zu unterscheiden sind die tatsächlichen und oftmals beschränkten Autonomiefähigkeiten eines Menschen. Zwar sind Patienten in vielen Situationen urteils- und entscheidungsfähig. Wo dies aber nicht der Fall ist, wie beispielsweise bei kleinen Kindern oder bei urteilsunfähigen Erwachsenen, gelten die Stellvertretungsregeln des Kinder- und Erwachsenenschutzgesetzes. Aber woraus besteht nun die anfangs erwähnte grenzverlegende Dynamik der Patientenautonomie?

Auf dem Weg zu einer Überforderung?

Diese Problematik lässt sich am besten nachvollziehen, wenn wir die *Wandlungen* der Patientenautonomie in aller Kürze rekonstruieren. Seit den Sechzigerjahren ist die Formel in aller Munde. Historisch gesehen war der Nürnberger Kodex (1947) ihre Geburtsstunde. Im Falle medizinischer Versuche, so heißt es im ersten Punkt dieses Kodex, muss bei Patienten oder Probanden die freiwillige und informierte Zustimmung eingeholt werden. Dieses Recht auf Selbstbestimmung wurde in der Deklaration von Helsinki, im Jahr 1964 von der „World Medical Association" verabschiedet, übernommen. Aber erst in der modernen Medizinethik, wie sie anfangs der Sechzigerjahre in den USA entstanden war, wurde jenes Prinzip der Einwilligung in die nicht-experimentelle medizinische Praxis eingeführt. *Diese* Patientenautonomie ist seitdem ein ethischer Standard, dessen Geltung – zu Recht – unumstritten ist. Und seit Einführung dieser „informierten Zustimmung" sind Patienten und Patientinnen in der Tat aufgeklärter geworden. Autonomie heißt hier Selbstbestimmung: Aufklärung und Zustimmung mittels *Information*.

Der nächste Schritt führt uns zum *mündigen* Patienten. Dieser Patiententypus kennt seine Interessen, gilt als Partner im Laufe des Behandlungsprozesses und ist in der Lage, Abwägungen hinsichtlich der Mittel, des Zwecks und des Sinns einer Behandlung anzustellen. Hier soll gleichsam auf Augenhöhe im Sinne des „Shared-Decision-Making" zwischen Ärztin und Patientin kommuniziert werden. Es ist zu fragen, inwiefern dieses Modell die ungleichen Positionen und das Kompetenzgefälle zwischen den Parteien berücksichtigt. Autonomie heißt hier Mündigkeit mittels *Kommunikation*.

Der dritte Schritt bewegt sich auf den *sich optimierenden* Patienten zu. Dessen Anspruchsniveau hat sich nun erheblich gesteigert. Nicht die Behandlung einer Erkrankung steht im Vordergrund, sondern die Verbesserung der Gesundheit. Dazu benötigt man eine Strategie, in der immer mehr alterstypische Einschränkungen potenziell als Krankheit, jedenfalls als verbesserungsbedürftig und verbesserungsfähig betrachtet werden. Autonomie heißt hier Selbstperfektionierung mittels optimierender *Intervention*.

Der vierte und letzte Schritt hängt mit dem vorhergehenden unmittelbar zusammen: Jetzt wird der Patient als *Marktteilnehmer* entdeckt. Er soll sich nun als Einkäufer auf dem Gesundheitsmarkt verhalten. Strategische und rationale Kompetenzen werden von ihm verlangt. Auch noch als Patient sollen uns die Motive des „homo oeconomicus" nicht abhandenkommen. Gesundheit wird eine Ware, um die es sich lohnt zu konkurrieren. Autonomie heißt hier Rationalisierung mittels *Kalkulation*.

Diese Skizze nimmt eine gewisse Vereinfachung bewusst in Kauf. Die angedeutete Entwicklung ist keineswegs im Ganzen negativ zu beurteilen. Aber sie ist einseitig. In ihr droht die wichtigste Perspektive abhandenzukommen – die des Patienten als eines abhängigen, leidenden, auf die Sorge Anderer angewiesenen Menschen. Und mit ihm droht auch die Solidarität zu verschwinden. Das ist gemeint, wenn wir von einem „Fallstrick" der Autonomie sprechen. Diese könnte zur Selbstüberforderung und Isolierung der Patienten führen. Der autonome Patient wäre dann ein einsamer und vernachlässigter Mensch. Der Umgang mit Patienten, aber auch deren Selbstverständnis ist heute von einer Kultur der Freiheitsrechte geprägt. Dabei verwechselt man in zunehmendem Maße die Wichtigkeit, *selbst* in einigen wichtigen Situationen bestimmen zu dürfen, mit dem Anspruch, alles selbst *bestimmen* und *einfordern* zu wollen und zu können.

Wir verlieren zunehmend das Gespür für das Gewicht unserer Endlichkeit und für das notwendige Maß der Solidarität. Die einseitige Ausrichtung großer Bereiche der Medizinethik an der „Autonomie" hat das Anspruchsniveau ins Kraut schießen lassen. Im Bewusstsein nicht weniger Patienten (oder potenzieller Patienten) hat sie sich als eine Lizenz zum Wünschen entwickelt – nicht selten zu ihrem eigenen Schaden.

Die skizzierte Entwicklung ist Teil einer gesamtgesellschaftlichen Dynamik und kann deshalb nicht isoliert betrachtet werden. Mittlerweile sind wir Bürger einer „Projekt-Polis" (Luc Boltanski / Ève Chiapello)[4] geworden, in der wir uns zunehmend als Unternehmer in eigener Sache verstehen. Unser „unternehmerisches Selbst" (Ulrich Bröckling)[5] zwingt uns, zu flexiblen Projektplanern unserer Leben zu werden. Autonomie ist dann zu einem Zwang geworden, der vor keinen Lebensbereichen haltmacht. Solange wir uns dieser Erwartungshaltung ungebremst aussetzen, werden wir die Selbstbestimmung auch in Fragen der Sterbehilfe über ein vernünftiges Maß hinaus

---

4 Luc Boltanski / Ève Chiapello, Der neue Geist des Kapitalismus, UVK: Konstanz 2003, 152 ff.
5 Ulrich Bröckling, Das unternehmerische Selbst. Soziologie einer Subjektivierungsform, Suhrkamp: Frankfurt am Main 2007.

forcieren. Dann werden wir Opfer eines Normalisierungszwangs werden, der uns schaden wird. Wir verlieren dann das Gespür für die Tragik so mancher Sterbesituationen. Angesichts dieser Tragik benötigen wir Spielräume des Entscheidens und Spielräume des Verhaltens. Manches Sterben ist auf Räume angewiesen, die *letzten* Maßnahmen Schutz bieten und ihnen Respekt entgegenbringen. Sowohl die Kriminalisierung als auch die Normalisierung des ärztlich assistierten Suizids bieten hier keinerlei Abhilfe. Es gibt andere Möglichkeiten.

MEDIZIN

Barbara Schubert

IM MITTELPUNKT: DIE PERSPEKTIVE DER BETROFFENEN

Vor allem vom Standpunkt der Menschen aus, die durch die Umstände und den Verlauf ihrer Krankheit in eine Situation kommen, in der sie sich den Tod wünschen, sollen hier drei Fragen beleuchtet werden.

1. Frage:
Keine Frage wird so ambivalent erlebt und kommuniziert wie die: Möchte ich weiterleben oder lieber sterben?
2. Frage:
Selbstbestimmtheit wird auch in einer Lebenssituation der völligen Angewiesenheit postuliert. Kann es am Lebensende wirklich Autonomie geben?
3. Frage:
Wir haben, meine ich, einen guten und ausreichenden Rechtsrahmen für den Umgang mit Sterbewünschen. Aber wir füllen ihn nicht aus. Brauchen wir einen anderen Rechtsrahmen?

Unheilbar erkrankte Menschen sprechen gelegentlich den Wunsch nach einem baldigen Ableben oder nach aktiver Sterbehilfe aus. Mitunter wird dieses Anliegen sehr direkt und konfrontativ vorgetragen. Manchmal auch eher wie der Versuch, die ärztliche Prognose auf diesem Weg in Erfahrung zu bringen. Auch wird schon einmal die Frage nach aktiver Sterbehilfe oder der Assistenz zum Suizid als Option formuliert – dies entspringt dem Wunsch, bis zuletzt die Kontrolle über das eigene Leben zu behalten. Manchmal ist die Frage aber auch Ausdruck einer tiefen Verzweiflung und Depressivität. Eine krankhafte Depression ist in Unterscheidung zu einer Niedergeschlagenheit klar erkennbar – der Arzt wird das beachten. Selbstverständlich gilt grundsätzlich: Gespräche über den Wunsch nach aktiver Sterbehilfe sollten mit großem Respekt gegenüber dem

Patienten und seinen Nöten und Befürchtungen zugelassen und geführt werden.

Bei Palliativpatienten macht man die Erfahrung, dass das Leben ihnen zunehmend kostbarer wird, je mehr es ihnen zwischen den Fingern zerrinnt. Wenn, dann äußern diese Patienten den Wunsch nach einer vorzeitigen Beendigung ihres Lebens unabhängig von ihrem Lebensalter, von der Art der zum Tode führenden Krankheit und der Art und Intensität der ihnen zur Verfügung gestellten Betreuung. Wir müssen einsehen, dass wir nicht jedes Leid lindern können und uns oft nur die Option bleibt, die Menschen darin zu unterstützen, ihr Schicksal anzunehmen. Im Wissen um eine unheilbare, zum Tode führende Erkrankung und den sich darauf beziehenden Anpassungsprozess sind bestimmte Menschen besonders vulnerabel und wünschen sich ein rascheres Versterben. Je nach Persönlichkeitsstruktur setzen sich Menschen ganz unterschiedlich mit ihrer Krankheit auseinander. Elisabeth Kübler-Ross hat verschiedene Sterbephasen definiert, ich würde sie eher als Reaktionsweisen in Bedrohungssituationen bezeichnen. Menschen, die emotionsgeladen reagieren, aggressiv, depressiv oder auch akzeptierend, äußern häufiger Sterbewünsche. In der Regel ist es der Patient selbst, der über seinen Wunsch zu sterben spricht. Mitunter tun dies jedoch auch ihm nahestehende Personen für ihn. Auch da ist Vorsicht geboten: Nahestehende Personen handeln aus ganz unterschiedlichen Motiven und nicht immer im Einvernehmen mit dem Patienten. Hinterfragt der Arzt den geäußerten Sterbewunsch, tritt eine Vielzahl von Motiven zutage.

Neben Zukunftsängsten und der Unsicherheit, ob das Krankenhaus ihn angemessen versorgen kann, ohne dass er seine individuellen Vorstellungen von Selbstbestimmung aufgeben muss, besteht ein hohes, mit der fortschreitenden Erkrankung oft zunehmendes Sicherheitsbedürfnis. Der Patient stellt mitunter in Frage, ob seine Sicherheit gewährleistet ist. Manche Patienten haben Vorerfahrungen mit Leiden und Sterben von nahestehenden Personen, die angstbesetzt sind und die Befürchtung auslösen, das eigene Sterben könne ähnlich leidvoll verlaufen. So scheint einigen ein rasches Ende der bessere und leichtere Weg zu sein. Menschen erleben angesichts schwerer

Krankheit nicht selten den Verlust der Kontrolle über ihr Leben. Sie werden abhängig von der Hilfe anderer. Auch die ursprünglich als kontrollierbar beurteilte Erkrankung kann einen unkontrollierbaren Verlauf nehmen. Dieser Kontrollverlust wird oft als inakzeptable Zumutung empfunden. Er führt zu einer intensiven Bemühung darum, die Kontrolle über das eigene Leben zurückzugewinnen. Nicht selten lautet die Antwort auf die Frage, warum der Betroffene ein rasches Ende seines Lebens wünsche: Weil ich die Kontrolle behalten will! Weil ich selbst bestimmen möchte, wann das Maß des Leidens für mich voll ist. Ein „Ich will nicht mehr leben" bedeutet meist: Ich will *so* nicht mehr leben.

Dabei korreliert die Häufigkeit geäußerter Sterbewünsche nicht zuerst mit der Schwere der körperlichen Symptome, sondern eher mit der Sorge, eine Last für andere zu sein oder die eigene Rolle nicht mehr ausfüllen zu können. Sicher ist, dass auch eine bestmögliche palliative Symptomkontrolle den Wunsch nach vorzeitigem Sterben nicht ausschließt. Vielfach ist jedoch die tatsächliche Kontrolle von Symptomen nicht möglich. Wir können allenfalls Linderung ermöglichen und den Patienten darin unterstützen, bleibende Beschwerden zu akzeptieren.

Umso wichtiger ist dann die Bereitschaft, sich tatsächlich allen Fragen, auch denen nach einem beschleunigten Sterben, zu stellen. Viele Patienten beklagen, dass Gespräche dieser Art von den Angesprochenen, seien es professionelle Helfer oder nahestehende Personen, nicht zugelassen würden. Dabei führen Gespräche über den Wunsch zu sterben in aller Regel zu einer intensiveren Beziehung der Gesprächspartner, unabhängig davon, welche ethischen Positionen sie vertreten. Hinter dem geäußerten Sterbewunsch steht eine Vielzahl von Gründen. Einmal werden damit schweres existenzielles Leid und tiefste Verzweiflung zum Ausdruck gebracht. Andererseits besteht bei etwa einem Drittel aller Betroffenen eine tatsächlich relevante, durch Behandlung zu lindernde Depression. Nicht selten möchte der Kranke jedoch seine Lebensmüdigkeit zum Ausdruck bringen, seine Einsicht, dass es so nicht weitergehen kann. Er will damit aber nicht schon dazu auffordern, sein Leben aktiv zu beenden.

Insbesondere in der Betreuung betagter Patienten lässt sich ein gewisses Kokettieren mit dem Tod beobachten, wenn sie sich erstaunt darüber äußern, noch am Leben zu sein. Eine vierundneunzigjährige Dame, die einen Herzinfarkt überlebt hatte, sagte: Es ist doch eigentlich schade, dass es dieses Mal nicht geklappt hat.

Mitunter wird die Frage nach einer aktiven Beendigung des Lebens eher im Sinne einer Ermessensfrage gestellt. Wie lange geben Sie mir noch? Lohnt es sich, da selbst Hand anzulegen? Wenn ich all das, was ich hier in meiner Tablettenschachtel habe, einnehme, reicht das?

In jedem Fall ist die Frage nach aktiver Sterbehilfe eine ernstgemeinte Gesprächsaufforderung, die unsere Beachtung und unseren Respekt verdient. Dabei ist immer wieder zu beobachten, dass allein dadurch, dass das Gespräch stattfindet, die überwiegende Mehrzahl der Kranken eine enorme Entlastung erfährt. Die Sterbewilligen haben oft nur wenige Informationen darüber, welche Möglichkeiten der Unterstützung es gibt, etwa die Beendigung medizinischer Maßnahmen, wenn der Patient sein Einverständnis zurücknimmt. Oder den Einsatz sedierender Medikamente bei unerträglichem Leid oder andere therapeutische Optionen.

Wird die Aufforderung: „Machen Sie dem Elend doch endlich ein Ende!" beantwortet mit der Frage: „Wirklich? Jetzt, hier, sofort?", ist die Reaktion häufig: So habe ich es nicht gemeint. Der Patient möchte eher eine mögliche Option neben anderen erfragen.

So bedürfen geäußerte Sterbewünsche einer intensiven Kommunikation. Auch besteht oft große Unsicherheit über die tatsächlich gegebenen medizinischen Möglichkeiten in Todesnähe und hinsichtlich der gesetzlichen Rahmenbedingungen. Diese Unsicherheit und auch Unkenntnis wird sowohl in Gesprächen mit Patienten und ihren Angehörigen wie auch mit Kollegen und in der öffentlichen Diskussion deutlich. Hier eine kurze Darstellung der relevanten Definitionen:

Wir sprechen von *Tötung auf Verlangen,* wenn jemand durch den ausdrücklichen und ernstlichen Willen des Getöteten zur Tötung bestimmt wurde und den Tod gezielt herbeiführt. Die Tötung auf Verlangen ist in Deutschland verboten. Das ist gut so und steht meines Erachtens nicht zur Disposition. In einigen Nachbarländern, zum Beispiel in Belgien, Luxemburg und den Niederlanden, ist Tötung auf Verlangen unter Einhaltung bestimmter Bedingungen straffrei.

Unter *Freitod* wird der Akt der freiwilligen Selbsttötung verstanden. Dieser ist in Deutschland nicht mit Strafe belegt. *Suizidbeihilfe* ist die Unterstützung eines Menschen bei der Selbsttötung. Dabei bleibt die Tatherrschaft beim Sterbewilligen. Die Beihilfe zum Suizid ist in Deutschland straffrei, jedoch können Ärzte in einen Konflikt zwischen Behandlungsauftrag und Respekt vor dem Sterbewunsch geraten.

Wenn die Schwere der Erkrankung es gebietet und der Patient mit weiteren Behandlungsoptionen nicht einverstanden ist, sich somit eine *Therapiezieländerung* ergibt, die bedeutet, das Sterben zuzulassen, so bleibt das Unterlassen, Begrenzen oder Beenden medizinischer Maßnahmen ohne Strafe. Dies bezieht sich nicht nur auf diagnostische und therapeutische Maßnahmen, sondern beispielsweise auch auf künstliche Ernährung und Flüssigkeitszufuhr.

Belasten den Sterbenskranken Symptome, so ist im Einvernehmen mit dem Patienten deren bestmögliche Linderung geboten, selbst dann, wenn der Einsatz stark wirksamer Medikamente eine Lebensverkürzung nach sich ziehen könnte. Dies ist viel seltener der Fall, als die öffentliche Diskussion darüber vermuten lässt. Wir sprechen in diesem Fall von *Behandlung am Lebensende*. Die Intention der und die Indikation zur Leidenslinderung stehen dabei im Vordergrund, nicht die Beschleunigung des Todeseintritts. Können unter Ausschöpfung symptomlindernder Verfahren die Beschwerden nicht ausreichend unterdrückt werden, so kann der Einsatz bewusstseinsdämpfender Medikamente angezeigt sein – die *palliative Sedierung*. Wie jede medizinische Maßnahme muss auch für die palliative Sedierung das Einverständnis des Patienten eingeholt werden.

Etwa zehn Prozent der von Palliativpatienten geäußerten Sterbewünsche, wiederholt im Sinne eines Bilanzierens von Leben und Leiden geäußert, müssen als stabil bewertet werden. Aber 44 Prozent der befragten Palliativpatienten zeigen in der Studie von Stiel und Kollegen (2010) bezüglich des Sterbewunsches eine hohe Ambivalenz. Bei der Mehrzahl besteht die

Hoffnung, die Erkrankung möge rasch ihren natürlichen Verlauf nehmen, und nichts möge diesen natürlichen Verlauf mehr aufhalten. Von Patienten mit einem stabilen Sterbewunsch erwartet die eine Hälfte Unterstützung beim eigenverantworteten Suizid, die andere Hälfte aktive Sterbehilfe. Männer äußern Sterbewünsche häufiger als Frauen. Bei Menschen ohne einen religiösen Bezug kommt dies öfter vor als bei Menschen, die sich einer Religionsgemeinschaft zugehörig fühlen. Von den Symptomen her betrachtet, ist eine geringe Häufung des Sterbewunsches in einigen Studien allenfalls bei Menschen festzustellen, die an Luftnot leiden.

Was also tun, wenn ein Mensch sich wünscht, lieber tot zu sein als weiterzuleben? Wenn Patienten eröffnen, dass sie sich wünschen, so schnell wie möglich zu sterben und damit das Sterben als für sich selbst akzeptierte Realität kommunizieren, dann hat es sich bewährt, gemeinsam mit dem Patienten und im Idealfall auch mit seinen Angehörigen auf das Ziel der aktuellen Therapie zu schauen. Stimmen die Blickrichtung des behandelnden Arztes und die des Patienten überein? Wenn nicht, warum ist das so? Gibt es Optionen, die bisher nicht besprochen wurden? Können sie dem Patienten zugemutet werden? Warum kann er sich eine Weiterführung der Therapie nicht vorstellen? Warum will er lieber sterben? Liegt eine behandelbare Depression vor? Sind seine Symptome ausreichend kontrolliert? Was könnte besser gelingen? Durch welche Maßnahme? Und ist der Patient mit dieser Maßnahme einverstanden? Welche Symptome sind nicht besser behandelbar und müssen als der eventuelle Beginn des Sterbeprozesses akzeptiert werden? Welche Symptome sind so belastend, dass der Einsatz sedierender Medikamente gerechtfertigt ist? Dabei sollte, wenn möglich, jede einzelne medizinische Maßnahme mit dem Patienten besprochen werden: künstliche Ernährung, Infusionstherapie, Antibiotika-Behandlung bei einer möglichen entzündlichen Komplikation am Ende des Lebens, Dauermedikamente. Was dient noch der Leidenslinderung, was wirkt lebensverlängernd? Was soll nicht begonnen, was beendet werden, damit das Sterben möglich wird?

Wenn ein Patient einen Sterbewunsch äußert, ist es wichtig, dass die in die Betreuung involvierten Personen, neben den medizinischen Behandlern also auch Pflegende, Therapeuten und Angehörige, in geeigneter Form über die Entscheidung zur Therapiezieländerung informiert und dadurch entlastet werden. Diese Entscheidung sollte zwischen dem Patienten und bzw. oder seinem Bevollmächtigten sowie dem behandelnden Arzt getroffen werden. Sie muss dem therapeutischen Team bekannt gemacht sowie bei Wechsel des Dienstpersonals wie bei Inanspruchnahme von Not- oder Bereitschaftsdienst zugänglich gemacht werden.

Sterbewünsche werden nicht ausschließlich gegenüber Ärzten geäußert. Aus der klinischen Praxis wissen wir, dass auch an Pflegende oder therapeutische Disziplinen, vor allem aber an Seelsorger Sterbewünsche herangetragen werden. Die Äußerung eines Sterbewunsches erfordert, dass sofort Gesprächsbereitschaft signalisiert wird oder dass der Kontakt zu einer für solche Gespräche geschulten Person hergestellt wird. Es kann bei besonders emotionalen Äußerungen wie Wut oder Verzweiflung hilfreich sein, einen Gesprächspartner einzuschalten, der Erfahrung mit Krisensituationen hat.

Das Sterben eines Menschen hinterlässt Spuren bei denen, die weiterleben. Umso wichtiger sind die Ermutigung zum Gespräch und einvernehmliche Therapieentscheidungen am Ende des Lebens. Aus meiner Sicht braucht es dafür bessere Rahmenbedingungen, die bewusste Ausschöpfung des bestehenden gesetzlichen Rahmens und einen gesellschaftlichen Diskurs, der Angewiesenheit auf die Hilfe anderer nicht als Zumutung und Defizit beschreibt.

Michael de Ridder

„ICH WILL NICHT ERLEBEN, DASS DIE KRANKHEIT MICH NIEDERMACHT"

IST DER ÄRZTLICH ASSISTIERTE SUIZID ETHISCH VERTRETBAR?

Günther K. ist ein mir seit zweieinhalb Jahren bekannter zweiundvierzigjähriger Architekt, der an amyotropher Lateralsklerose (ALS) leidet. Seit mehr als zwölf Jahren lebt er mit allmählich fortschreitenden Lähmungserscheinungen, die ihn vor Jahren schon in den Rollstuhl zwangen. Nicht allein mit seiner Krankheit, auch mit den Menschen, die ihn umgeben und versorgen, pflegt er einen bewunderungswürdigen Umgang. Durch viele Gespräche und Erlebnisse bin ich mittlerweile fast freundschaftlich mit ihm verbunden, und stets habe ich ihn in seinem Willen, sich gegen die Krankheit zu behaupten, unterstützt. Doch seit einigen Monaten fällt es ihm schwer zu sprechen, und phasenweise benötigt er jetzt ein Beatmungsgerät. Viel Zeit habe ich darauf verwandt, ihm nahezubringen, dass seine Angst vor einem Erstickungstod, der bei dieser Erkrankung fälschlicherweise oftmals für unausweichlich gehalten wird, unbegründet ist. Er wird vielmehr allmählich in einen durch die Krankheit selbst herbeigeführten Narkosezustand fallen, der ihn in tiefer Bewusstlosigkeit in den Tod hinübergleiten lassen wird.

Er jedoch kann sich mit diesem Szenario nicht anfreunden. Sein Lebensende klar und illusionslos vor Augen, möchte er diesen für ihn unerträglichen Leidenszustand nicht bis zum Äußersten durchleben: „Bewusst und wachen Verstandes möchte ich Abschied nehmen. Ich will nicht erleben, dass die Krankheit mich niedermacht und ich mir selbst zur unerträglichen Last werde", so seine Worte. Mehrfach bat er mich um meine Hilfe „wenn es so weit ist". Ich werde sie ihm nicht versagen.

Denn Maßstab ärztlichen Handelns ist keineswegs der Lebensschutz – so hoch er auch anzusiedeln ist –, sondern das Patientenwohl und der Respekt vor dem Selbstbestimmungsrecht des Patienten, zumal dann, wenn sich das Leben qualvoll seinem Ende zuneigt. Beide Prinzipien sind niedergelegt in der „Charta zur ärztlichen Berufsethik", die 2002 international von zahlreichen ärztlichen Berufsverbänden verabschiedet wurde. Sie beruht auf der grundsätzlichen Verpflichtung des Arztes, den Interessen des Patienten zu dienen, auch und gerade am Lebensende: Letztlich ist es der Sterbende selbst, der darüber entscheidet, was seinem Wohl dient – und nicht der Arzt, so unbestritten und wünschenswert es auch ist, dass Entscheidungen, die das Lebensende betreffen, auf dialogischem Weg zwischen Krankem, Arzt und Angehörigen zustande kommen.

Palliativmedizin und Hospizbewegung haben während der letzten Jahre einen enormen Aufschwung genommen und das Leiden zahlloser Sterbender erträglicher gemacht. Doch auch Palliativmedizin stößt an Grenzen, wie selbst Palliativmediziner zugestehen. Eine 2010 publizierte Studie, die die Praxis der Palliativärzte in Deutschland untersuchte, belegt dies: „Es ist bemerkenswert, dass ein Teil der befragten Ärztinnen und Ärzte (27 Prozent – Anm. d. Verfassers) eine *Verkürzung des Lebens nicht nur vorhersieht, sondern beabsichtigt* ... Diese neuen empirischen Forschungsergebnisse sollten als Grundlage für eine ehrliche Debatte über zeitgemäße ethische Richtlinien zum ärztlichen Handeln am Lebensende genutzt werden", so die Autoren der Studie.

Neben all ihren Errungenschaften hat die Medizin im Laufe der letzten fünfzig Jahre auch beängstigende und grausame Existenzformen hervorgebracht, in die Menschen ohne sie nie geraten wären, weil sie zuvor eines natürlichen Todes gestorben wären. Hierzu zählen beispielsweise Patienten mit schwersten neurologischen Beeinträchtigungen wie auch Menschen im fortgeschrittenen Stadium einer malignen Erkrankung. Und nicht alle vermögen es trotz menschlicher Zuwendung und optimaler medizinischer und pflegerischer Versorgung, Quellen des Lebenssinns in sich zu erschließen und Energien zu mobili-

sieren, die sie Schicksalsschlägen der beschriebenen Art stand-
halten lassen. Dass in einer solchen Lage die Frage nach einer
Hilfe *zum* Sterben, die über die Hilfe *im* Sterben hinausgeht,
unabweisbar werden kann, erscheint mir plausibel und nachvollziehbar: Palliativmedizin und ärztlich assistierter Suizid
schließen sich nicht wechselseitig aus; vielmehr kann die ärztliche Beihilfe zum Suizid zu einer äußersten Maßnahme palliativer Medizin werden.

Die zentrale Frage also lautet: Sind wir – über das uns verfas-
sungsmäßig verbriefte Selbstverfügungsrecht hinaus – als
Gesellschaft mitfühlend genug, Menschen in terminaler oder
schwerster aussichtsloser Krankheit oder Versehrtheit, die frei
verantwortlich zu entscheiden und zu handeln in der Lage sind,
die Zuwendung sowie ärztliche und pflegerische Versorgung
erfahren, die über alle palliativmedizinischen Optionen aufgeklärt sind – *und dennoch weiter leiden*, zu gestatten, auf ihren
klar und nachhaltig geäußerten Wunsch hin ihr Leben mit ärztlicher Hilfe zu beenden?

KEINE NORMIERUNG DES STERBEPROZESSES

Am Beispiel meines Patienten wird deutlich: Eine „Normierung
des Sterbeprozesses" kann und darf es nicht geben, wie es ja
auch die Bundesärztekammer, zumal ihr vormaliger, vor zweieinhalb Jahren verstorbener Präsident Jörg-Dietrich Hoppe,
nicht müde wurde zu betonen. Hoppe hatte in der Frage des
ärztlich assistierten Suizids – ein Drittel der Ärzteschaft ist für
eine solche Hilfeleistung zugänglich – öffentlich eine weise
Position bezogen: „Die Beihilfe zum Suizid gehört nicht zu den
ärztlichen Aufgaben, sie soll aber möglich sein, wenn der Arzt
das mit seinem Gewissen vereinbaren kann." Hoppes Nachfol-
ger Montgomery aber führte während des Kieler Ärztetages
2011 eine Entscheidung herbei, die jeder weiteren Debatte
innerhalb der Ärzteschaft die Grundlage entziehen sollte: die
Empfehlung an die Landesärztekammern, den Ärzten die Suizidassistenz zu verbieten. Hier hätte der Präsident der Bundesärztekammer den Rat des ehemaligen Bundesministers der
Justiz und ehemaligen Vorsitzenden des Deutschen Ethikrates,

Edzard Schmidt-Jortzig, einholen sollen: „Ethische Normen können, im Unterschied zum Recht, keine generelle Verbindlichkeit beanspruchen ... Recht ist das Regelungsinstrument des Staates, Ethik dasjenige des verantwortlich handelnden, auf *sein Gewissen hörenden einzelnen* Menschen." Das beinhaltet auch: Dem Wertepluralismus der Ärzteschaft und der Bürger unserer Gesellschaft wird ein berufsrechtlich fixiertes „ärztliches Ethos" nicht gerecht, das den wissenschaftlichen Erkenntnisstand der Medizinethik und die normative Bedeutung des allgemeinen Rechts ignoriert,. „Es schwächt sich selbst und damit letztlich auch die Ärzteschaft", so ein führender deutscher Medizinethiker.

Niemand hat das Recht, das „gute Sterben" verbindlich für alle Mitglieder unserer Gesellschaft festzulegen. Allein dem Schwerstkranken oder Sterbenden steht dies zu. So jedenfalls sieht es die Verfassung unseres säkularen Staatswesens vor, die die Selbstbestimmung als den Kernbereich der Menschenwürde versteht. Sie wird von unserer Verfassung garantiert, jedoch aus gutem Grund nicht definiert. Denn nur der einzelne Mensch als Grundrechtsträger ist befugt, darüber zu befinden, was seine Würde ausmacht und wie weit seine körperliche Unversehrtheit und sein Leben zu schützen sind. Die Menschenwürde, so wie unsere Verfassung sie versteht, schützt den Menschen eben auch davor, zum Objekt der Menschenwürdedefinitionen anderer zu werden.

„WENN ICH NICHT BLEIBEN KANN, DER ICH BIN ..."

Kaum jemand hat die existenzielle Not aussichtslos kranker und deswegen zum Suizid entschlossener Patienten treffender zum Ausdruck gebracht als der Philosoph Karl Jaspers: „Wo unheilbare körperliche Erkrankung, Mangel aller Mittel und völlige Isolierung zusammenkommen, kann in höchster Klarheit ohne Nihilismus das eigene Dasein nicht überhaupt, sondern das, was jetzt noch bleiben könnte, negiert werden. Es ist eine Grenze, wo Fortleben keine Pflicht mehr sein kann: Wenn der Prozess des Selbstwerdens nicht mehr möglich ist, physisches Leid und Anforderungen der Welt so vernichtend werden, dass ich nicht mehr bleiben kann, der ich bin, wenn zwar nicht die Tapferkeit aufhört, aber mit der Kraft die physische Möglichkeit schwindet ... Dem tiefsten Leid kann ein Ende gemacht werden, obgleich und weil die Bereitschaft zum Leben und zur Kommunikation die vollkommenste ist." Selbstauslöschung eines Schwerstkranken nicht als ein zerstörerischer, sondern als ein Akt letzter Selbstbehauptung, weil die Kapitulation vor einer übermächtigen Krankheit unabwendbar war. Nicht Lebensmüdigkeit hat von ihm Besitz ergriffen, vielmehr Leidensmüdigkeit. Als Arzt helfend an einem solchen Akt teilzunehmen, der, wie Jaspers es nannte, tiefstes Leid selbstbestimmt beendet, ist in meinen Augen niemals unethisch, vielmehr Ausdruck äußerster menschlicher Hinwendung des Arztes zu seinem Patienten.

Eben deswegen gehört für mich die Beihilfe zum Suizid in den Intimraum von Arzt und Patient. Sie gehört nicht in die Hände von Organisationen, die Selbsttötungsmaschinen anbieten und im Übrigen ihrer Pflicht, über alle palliativmedizinischen Optionen aufzuklären, oftmals nicht nachkommen. Dies belegt das Beispiel der beatmeten Querschnittspatientin Frau K. aus Niedersachsen, die sich 2005 in der Schweiz suizidierte, obwohl hierzulande eine Beendigung der Beatmung im Rahmen einer palliativen Sedierung möglich gewesen wäre.

Nur ein kenntnisreicher und dem Patienten nahestehender Arzt kann Suizidbeihilfe leisten. Er hat dessen Krankheit begleitet und miterlebt; er ist es, der sich von der Not des Sterbewilligen sowie von der Authentizität und Nachhaltigkeit seines Suizidwunsches ein zutreffendes Bild machen kann.

Kein Dammbruch

Den immer wieder vorgebrachten Dammbruchargumenten fehlt jegliche empirische Evidenz: Weder kommt es zu Nachahmerverhalten, also zu Sterbewünschen, dort, wo zuvor keine waren, noch zu einer Vertrauenskrise zwischen Arzt und Patient, die im Übrigen, wenn überhaupt, eher durch die erlaubte indirekte Sterbehilfe begünstigt wird. Auch für eine Aufweichung gesellschaftlicher Moralvorstellungen, die einer von manchen befürchteten „Entsorgung" Schwerstpflegebedürftiger und Hochbetagter Vorschub leisten könnte, spricht nichts. Wie das Beispiel des amerikanischen Bundesstaates Oregon belegt, sind es doch gerade die Lebenstüchtigen und Gebildeten, die die Möglichkeit der Hilfe zum Sterben für sich einfordern.

RECHT

Jochen Taupitz

DIE ÄRZTLICHE BEIHILFE ZUM SUIZID –
WARUM UND WIE SIE LEGALISIERT WERDEN SOLLTE

Im Unterschied zur Tötung auf Verlangen, die nach § 216 Strafgesetzbuch (StGB) mit bis zu fünf Jahren Haft strafbewehrt ist, ist die Beihilfe zum Suizid – auch die ärztliche – bei einer freiverantwortlich handelnden Person, welche die Tat dann selbstständig ausführt, nach bisheriger Rechtslage grundsätzlich straflos. Wie häufig in Deutschland Suizidbeihilfe tatsächlich praktiziert wird, ist jedoch nicht bekannt, da es hierzu weder eine offizielle Statistik noch eine repräsentative wissenschaftliche Erhebung gibt. Nationale und ländervergleichende Studien legen jedenfalls nahe, dass in allen europäischen Ländern – so auch in Deutschland – ärztliche und nicht-ärztliche Suizidbeihilfe praktiziert wird.

Wenn es um die Frage geht, wie die Ärzte selbst zu diesem Thema stehen, hat eine Repräsentativerhebung, die im Auftrag der Bundesärztekammer unter allen deutschen Ärzten durchgeführt und im Jahr 2010 veröffentlicht wurde, teilweise überraschende Ergebnisse zutage gebracht. Ein Drittel der Ärzte und die Hälfte der Hausärzte gaben an, dass sie bereits mit der Bitte um Suizidbeihilfe konfrontiert wurden. Auf die Frage, ob sie aus ihrer eigenen Tätigkeit oder der von Kollegen Wünsche nach Suizidbeihilfe kennen, gaben 75 % an, das komme in Einzelfällen vor, und 16 % antworteten, das komme häufiger vor. Mehr als ein Drittel der Ärzte (37 %) wären auch bereit, unter bestimmten Bedingungen Suizidbeihilfe zu leisten. Umso erstaunlicher ist das Festhalten der Bundes- und der meisten Landesärztekammern an der zum Teil rigiden standesrechtlichen Missbilligung ärztlicher Suizidbeihilfe, die in den einzelnen Bundesländern unterschiedlich ausgestaltet ist und in der Praxis bei den Betroffenen für erhebliche Unsicherheiten und Zweifel sorgt.

DAS SPRICHT FÜR DIE ÄRZTLICHE BEIHILFE ZUM SUIZID

Dabei sprechen gute Gründe dafür, dass Ärzte *unter bestimmten Voraussetzungen* Beihilfe zum Suizid leisten dürfen:

- Der ärztliche Berufsstand ist auf das Leben ausgerichtet. Zu seinen Aufgabe gehört von daher auch der Versuch, Schwerkranke, die den Sterbewunsch äußern, durch das Aufzeigen von palliativmedizinischen und anderen Alternativen von ihrem Wunsch abzubringen. Aus anderem Blickwinkel formuliert: Der Patient kann darauf vertrauen, dass sein Arzt – anders als andere Sterbehelfer – kein eigenes Interesse an seinem Tod hat.

- Der ärztliche Berufsstand ist nicht nur auf das Leben ausgerichtet, sondern auch darauf verpflichtet, Leiden zu mindern. Wenn Leben und Leiden in einem unauflöslichen Gegensatz zueinander stehen, widerspricht Leidensminderung unter Inkaufnahme des Todes nicht dem ärztlichen Ethos und ist auch juristisch erlaubt (sogenannte indirekte Sterbehilfe). Der Patient sollte deshalb darauf vertrauen können, dass Leidensminderung nicht einem verabsolutierten Lebensschutz untergeordnet wird.

- Ärzte sind viel besser als andere in der Lage, fachkundige Hilfe zu leisten. Sie kennen die Wirkungen der in Betracht kommenden Medikamente und wissen, wie sie zu dosieren und einzunehmen sind. Der Patient sollte also darauf vertrauen können, dass ihm richtig und ohne vermeidbare Qualen geholfen wird. Von daher kann der ärztlich assistierte Suizid „brutale" Suizide (und Suizide, durch die unbeteiligte Personen, etwa Verkehrsteilnehmer, gefährdet oder belastet werden) verhindern.

- Eine Tabuisierung des ärztlich assistierten Suizids erschwert die Suizidprophylaxe, indem der Zugang zu suizidgefährdeten Patienten erheblich beeinträchtigt wird.

- Die Palliativmedizin kann nicht alle Leidenszustände lindern. Solange die Palliativmedizin in Deutschland noch nicht genügend ausgebaut ist, ist es beinahe zynisch, Patienten heute darauf zu verweisen, dass zunächst die Palliativmedizin auszubauen sei und nur dann, wenn dies nicht ausreiche, andere Maßnahmen wie die ärztliche Assistenz zum Suizid in die Betrachtung einzubeziehen seien.

- Ärzte müssen tagtäglich die Selbstbestimmungsfähigkeit ihrer Patienten prüfen. Ihnen ist von daher auch am ehesten die Beurteilung zuzutrauen, ob der Sterbewunsch wirklich freiverantwortlich gefasst wurde. Der Patient und die Gesellschaft sollten deshalb darauf vertrauen können, dass dem Wunsch des Patienten nur dann Rechnung getragen wird, wenn das Selbstbestimmungsrecht und damit die Menschenwürde eine hinreichende Grundlage darstellen.

- Ärzte unterliegen einem strengen Berufsrecht mit Berufsaufsicht und einer festen Gebührenordnung. Damit kann kommerziellem Wildwuchs und unkontrolliertem Treiben entgegengewirkt werden. Der Patient sollte von daher darauf vertrauen können, dass der Sterbehelfer nicht nur am schnellen Geld interessiert ist – und die Gesellschaft sich darauf verlassen, dass Missbrauch so weit wie möglich unterbunden wird.

Diese Argumente basieren auf aktuellen wissenschaftlichen Erkenntnissen zu diesem Thema einschließlich der neusten empirischen Daten und der Erfahrungen anderer Länder. Auf ihnen und weiteren Argumenten aufbauend, haben vier Wissenschaftler (Gian Domenico Borasio, Ralf Jox, Urban Wiesing und der Autor dieses Beitrags) bereits im August 2014 einen Gesetzentwurf zur Regelung des assistierten Suizids vorgestellt. Damit hofften wir, einen konkreten und konstruktiven Beitrag zur diesbezüglichen Diskussion zu leisten. Schließlich wird die öffentliche Diskussion um den angemessenen Umgang mit der Beihilfe zum Suizid nicht selten ausgesprochen emotional geführt. Das ist angesichts der existenziellen Dimension der involvierten Fragen verständlich. Bisweilen entsteht allerdings der Eindruck, dass ausgeprägt weltanschauliche Positionen zur Sprache kommen, die gelegentlich einem gewissen Dogmatismus nahestehen. Eine sachliche Diskussion ist auf dieser Grundlage schwierig. Umso wichtiger ist es, die Argumente, die für und gegen eine gesetzliche Regelung sprechen, mit Rücksicht auf die tatsächlichen empirischen Daten zu analysieren. Nur so ist eine nüchterne und sachgerechte Diskussion dieses kontroversen Themas möglich.

EIN LÖSUNGSVORSCHLAG

Der Entwurf sieht die Neufassung der §§ 217 und 217a StGB und eine entsprechende Änderung des § 13 des Betäubungsmittelgesetzes (BtMG) vor. Während in § 217 StGB die Beihilfe zum Suizid als ein neuer Sondertatbestand geregelt würde, würde § 217a StGB bestimmte Maßnahmen zur Werbung für die Beihilfe zur Selbsttötung unter Strafe stellen. Die Grenze zu der nach § 216 StGB verbotenen Tötung auf Verlangen bliebe von der Neuregelung unberührt. Ebenfalls unberührt blieben die von der Beihilfe zur Selbsttötung zu unterscheidenden Formen des zulässigen Behandlungsabbruchs und der sogenannten indirekten Sterbehilfe.

Wer einem anderen Beihilfe zur Selbsttötung leistet, würde, wenn die Selbsttötung ausgeführt oder versucht wurde, gem. § 217 Abs. 1 StGB-E mit einer Freiheitsstrafe bis zu drei Jahren oder mit Geldstrafe bestraft werden. Damit sieht die Neuregelung vor, dass die Beihilfe zur Selbsttötung dogmatisch als eine zur selbstständigen Straftat erhobene Beihilfehandlung gewertet wird. Das stellt eine Verschärfung und grundlegende Abkehr von der bisherigen deutschen Strafrechtsdogmatik dar, ist aber aus strafrechtssystematischen Gründen nötig, weil sonst die Ausnahmen nicht sinnvoll im Strafrecht geregelt werden können: Das Strafrecht kennt nun einmal grundsätzlich nur Verbote und keine Erlaubnisse; die Letztgenannten können lediglich als Ausnahmen von Verboten formuliert werden.

Das genannte Verbot der Beihilfe zum Suizid soll vor diesem Hintergrund aber nicht absolut gelten, sieht vielmehr für Angehörige und Ärzte zwei wichtige Ausnahmetatbestände vor. Diese sind erforderlich, weil ein kategorisches, also ausnahmsloses Verbot ärztlicher Suizidbeihilfe weder strafrechtlich noch ethisch vertretbar ist.

Mit der ersten Ausnahme wird ausdrücklich berücksichtigt, dass hinsichtlich der individuellen Unterstützung, die Angehörige oder dem Betroffenen nahestehende Personen in der Regel aus Mitleid oder aufgrund einer persönlichen Gewissensentscheidung leisten, kein Strafbedürfnis besteht. Die Straflosigkeit setzt allerdings die Freiverantwortlichkeit des Suizidentschlusses voraus. Dieser Ausnahmetatbestand stellt für diesen Personenkreis keine Befugnis zur Beihilfe zum Suizid dar. Es ist lediglich ein Entschuldigungsgrund.

Ein Arzt dürfte Suizidbeihilfe nur nach Einhaltung strenger Sorgfaltspflichten und ausschließlich bei unheilbar Erkrankten mit begrenzter Lebenserwartung leisten. Dazu müsste er zunächst in einem persönlichen Gespräch mit dem Patienten die Freiwilligkeit seines Suizidwunsches prüfen und ihn umfassend und lebensorientiert über andere, insbesondere palliativmedizinische Möglichkeiten aufklären. Der Patient müsste an einer unheilbaren, zum Tode führenden Erkrankung mit begrenzter Lebenserwartung leiden. Außerdem ist die Hinzuziehung von mindestens einem (weiteren) unabhängigen Arzt erforderlich. Die besonderen prozeduralen Regelungen und Sorgfaltsbedingungen dienen gleichermaßen den Interessen des Lebensschutzes und der Wahrung des Selbstbestimmungsrechts Betroffener. Sie sind Ausdruck der staatlichen Schutzpflicht für das Leben – einer Pflicht, die aber nicht ausnahmslos gilt und beim Selbstbestimmungsrecht des Betroffenen endet. Bei dem Ausnahmetatbestand für die Angehörigen wird auf besondere Aufklärungs- und Beratungserfordernisse verzichtet, da sie bezogen auf medizinische Laien nicht sachgerecht sind.

Über die strafrechtlichen Vorschriften hinaus sieht der Entwurf auch eine Klarstellung des Betäubungsmittelgesetzes vor, das in seiner derzeitigen Fassung für die beteiligten Ärzte mit erheblichen Risiken verbunden ist. Es ist nämlich umstritten, ob sich ein Suizidhelfer durch das Verschreiben oder Verschaffen bestimmter für einen Suizid besonders geeigneter Arzneimittel nach § 29 BtMG i. V. m. § 13 BtMG – trotz grundsätzlicher Straflosigkeit nach dem aktuell geltenden StGB – strafbar macht. Die Frage, ob und wann eine ausreichende Begründung für die Verschreibung oder Verabreichung der in Anlage III zum BtMG bezeichneten Betäubungsmittel im Kontext der Suizidbeihilfe gegeben ist, ist bislang ungeklärt.

Die Gegenargumente überzeugen nicht

Die befürchteten Gefahren, die unter dem Stichwort „schiefe Ebene" beschworen werden, unterschätzen das Differenzierungsvermögen des ärztlichen Berufsstandes und der Gesellschaft:

- Kein Arzt ist verpflichtet, Suizidbeihilfe zu leisten; dies bleibt vielmehr seine persönliche Gewissensentscheidung. Nicht anders verhält es sich bei der Abtreibung. Und ebenso wenig wie die Tötung ungeborenen Lebens das ärztliche Berufsethos unterminiert hat, untergräbt die ärztliche Suizidbeihilfe dieses.

- Der ärztlichen Suizidbeihilfe wird nicht als nächster Schritt die Zulassung aktiver Tötung (Euthanasie, Tötung auf Verlangen) folgen. Diese ist in Deutschland aus guten Gründen verboten. Der Unterschied besteht darin, dass bei der Beihilfe zum Suizid der Suizident selbst den zum Tod führenden Akt vollzieht, also etwa das tödlich wirkende Medikament selbst einnimmt, während bei der aktiven Tötung diese Handlung von einer anderen Person durchgeführt wird. Ethisch und rechtlich ist die Fremdtötung eines anderen Menschen völlig anders zu bewerten als die freiverantwortliche Selbsttötung. Vor allem aber besteht auch psychologisch ein großer Unterschied. Denn der Selbsterhaltungstrieb des Menschen bildet eine erhebliche Hemmschwelle gegenüber der „eigenhändigen" Selbsttötung, ist aber nicht gleichermaßen wirksam gegenüber dem Einverständnis, durch die Hand eines anderen getötet zu werden.

- In Ländern, in denen sowohl die Tötung auf Verlangen als auch die Beihilfe zum Suizid erlaubt ist (wie etwa in den Niederlanden und in Belgien), ist die Zahl der Tötungen auf Verlangen in den vergangenen Jahren erheblich gestiegen; die Zahl der bloßen Beihilfe zum Suizid ist dagegen konstant niedrig. In Ländern, in denen nur die Beihilfe zum Suizid erlaubt ist (wie etwa im US-amerikanischen Bundesstaat Oregon), ist die absolute Zahl sehr niedrig, und es zeigt sich ein nur geringfügiger Anstieg der Fälle von Suizidbeihilfe. Die Ermöglichung des ärztlich assistierten Suizids wehrt somit auch Forderungen nach der Freigabe der Tötung auf Verlangen ab.

- Das Vertrauen der Patienten in den ärztlichen Berufsstand wird nicht geschwächt, sondern gestärkt, wenn ein Patient davon ausgehen kann, dass der Arzt ihm in einer aussichtslosen Situation auch dabei helfen wird, dem Leiden ein Ende zu bereiten. Dabei zeigen Erfahrungen im Ausland, dass ein Großteil der Patienten das todbringende Mittel letztlich nicht einsetzt, sondern nur die Gewissheit haben möchte, es verwenden zu können. Es geht also um das Vertrauen, Hilfe „im Ernstfall" zur Hand zu haben.

- Dem befürchteten Druck, dass Menschen aus der Sorge heraus, anderen (finanziell) zur Last zu fallen, in den Tod flüchten, muss dort entgegengewirkt werden, wo der Druck entsteht, nicht aber durch Einschränkungen des Selbstbestimmungsrechts. Und soweit schlechte Lebensbedingungen der Anlass dafür sind, den eigenen Tod herbeizuführen, müssen diese Lebensbedingungen verbessert werden, darf aber nicht ein Zwang zum Leben, gar ein Zwang zum Leben unter menschenunwürdigen Bedingungen, postuliert werden.

AUSBLICK

Seit geraumer Zeit ist die Beihilfe zum Suizid wieder in den Fokus gesellschaftlichen Interesses gerückt. Dabei wird die Notwendigkeit einer gesetzlichen Regelung nicht zuletzt vor dem Hintergrund der steigenden Angebote sogenannter Sterbehilfevereine diskutiert. Eine Antwort auf die Frage, ob und wie die Beihilfe zum Suizid letztlich gesetzlich geregelt werden wird, ist im Moment nicht abzusehen. Nach den Willen des Gesetzgebers wird am 3. Juli 2015 die erste Lesung von aktuell vier (fraktionsübergreifenden) Gesetzentwürfen zum Verbot beziehungsweise zur Regelung der Suizidhilfe im Bundestag stattfinden. Sie reichen von einem ausnahmslosen Verbot der Beihilfe zum Suizid über das Verbot geschäftsmäßiger Beihilfe bis hin zur ausdrücklichen und reglementierten Erlaubnis für Ärzte beziehungsweise „Sterbehilfeorganisationen".

Ein ausnahmsloses Verbot ärztlicher Beihilfe zum Suizid verstößt nicht nur gegen die Berufsausübungsfreiheit aus Art. 12 Abs. 1 GG. Es ist auch mit dem Grundrecht der Gewissensfreiheit des Arztes, das durch Art. 4 Abs. 1 GG geschützt ist, nicht vereinbar. Das hat bereits das Verwaltungsgericht Berlin zutreffend festgestellt und einen entsprechenden Bescheid der Ärztekammer Berlin aufgehoben. Zudem würden ausnahmslose Verbote der Suizidbeihilfe mit Sicherheit das Gespräch über Suizidwünsche im Privaten wie im Arzt-Patient-Kontakt weiter erschweren, wenn nicht gar tabuisieren und daher letztlich auch die Zahl der Suizide nicht verringern. Dadurch würde die Chance vertan, das Leiden der Betroffenen wahrzunehmen und ihnen lebensorientierte Hilfsmöglichkeiten anzubieten.

Ein bloßes Verbot der gewerbsmäßigen oder geschäftsmäßigen (organisierten) Suizidbeihilfe würde am ehesten dazu führen, dass die Betroffenen andere Wege gehen, ihrem Leben ein Ende zu setzen. Ein Teil der Betroffenen würde Suizidbeihilfe illegal in Anspruch nehmen (wie es aus Ländern mit entsprechendem Verbot bekannt ist), ein Teil für die Suizidbeihilfe in die Schweiz reisen (die Zahl der „Suizidtouristen" würde steigen), ein Teil würde statt der humaneren ärztlichen Suizidbeihilfe einen einsamen, oft gewaltsamen Suizid begehen und damit Angehörige und gegebenenfalls Unbeteiligte traumatisieren oder gefährden. Unabhängig von der Frage, ob ein Verbot von organisierter Sterbehilfe überhaupt ethisch und rechtlich legitim ist: Es löst die Probleme nicht, sondern verschiebt sie, und es verlängert eine Praxis, gegen die erhebliche Bedenken anzuführen sind.

Die letztliche Entscheidung des Parlaments muss von der Idee getragen werden, dass die zu respektierende Überzeugung des Einzelnen oder der partikularen gesellschaftlichen Gruppen in einer pluralistischen Gesellschaft nicht die Grundlage für eine allgemeine politische Lösung bieten kann. Vielmehr geht es darum, den Raum des zu Verbietenden in Anbetracht der ethischen Pluralität unserer Gesellschaft angemessen zu bestimmen.

GESETZESVORSCHLAG
GESETZ ZUR REGELUNG DES ASSISTIERTEN SUIZIDS

Artikel 1
Änderung des Strafgesetzbuchs
Das Strafgesetzbuch in der Fassung der Bekanntmachung vom 13. November 1998 (BGBl. I S. 3322), das zuletzt durch Artikel ... des Gesetzes vom ... (BGBl. I S. ...) geändert worden ist, wird wie folgt geändert:

1. In der Inhaltsübersicht wird die Angabe zu § 217 durch folgende Angaben ersetzt:

„§ 217 Beihilfe zur Selbsttötung
§ 217a Werbung für die Beihilfe zur Selbsttötung"

2. § 217 wird wie folgt gefasst:

„§ 217
Beihilfe zur Selbsttötung
(1) Wer einem Anderen Beihilfe zur Selbsttötung leistet, wird, wenn die Selbsttötung ausgeführt oder versucht wurde, mit einer Freiheitsstrafe bis zu drei Jahren oder mit Geldstrafe bestraft.

(2) Angehörige oder dem Betroffenen nahestehende Personen sind nicht nach Abs. 1 strafbar, wenn sie einem freiverantwortlich handelnden Volljährigen Beihilfe leisten.

(3) Ein Arzt handelt nicht rechtswidrig nach Absatz 1, wenn er einer volljährigen und einwilligungsfähigen Person mit ständigem Wohnsitz in Deutschland auf ihr ernsthaftes Verlangen hin unter den Voraussetzungen des Absatzes 4 Beihilfe zur Selbsttötung leistet. Ein Arzt ist zu einer solchen Beihilfe nicht verpflichtet.

(4) Beihilfe zur Selbsttötung nach Absatz 3 darf der Arzt nur leisten, wenn
1. er aufgrund eines persönlichen Gesprächs mit dem Patienten zu der Überzeugung gelangt ist, dass der Patient freiwillig und nach reiflicher Überlegung die Beihilfe zur Selbsttötung verlangt,
2. er aufgrund einer persönlichen Untersuchung des Patienten zu der Überzeugung gelangt ist, dass der Patient an einer unheilbaren, zum Tode führenden Erkrankung mit begrenzter Lebenserwartung leidet,

3. er den Patienten umfassend und lebensorientiert über seinen Zustand, dessen Aussichten, mögliche Formen der Suizidbeihilfe sowie über andere – insbesondere palliativmedizinische – Möglichkeiten aufgeklärt hat,

4. er mindestens einen anderen, unabhängigen Arzt hinzugezogen hat, der den Patienten persönlich gesprochen, untersucht und ein schriftliches Gutachten über die in den Punkten 1 und 2 bezeichneten Gesichtspunkte abgegeben hat, und

5. zwischen dem nach dem Aufklärungsgespräch gemäß Nr. 3 geäußerten Verlangen nach Beihilfe und der Beihilfe mindestens zehn Tage verstrichen sind.

(5) Das Bundesministerium für Gesundheit wird ermächtigt, durch Rechtsverordnung mit Zustimmung des Bundesrates das Nähere zu regeln, insbesondere zu

1. den Anforderungen an die fachliche Qualifikation der beteiligten Ärzte,

2. den Anforderungen an die Aufklärungspflicht,

3. den Anforderungen an die Dokumentation und etwaigen Meldepflichten."

3. § 217a wird wie folgt gefasst:

„§ 217a

Werbung für die Beihilfe zur Selbsttötung

(1) Wer öffentlich, in einer Versammlung oder durch Verbreiten von Schriften (§ 11 Abs. 3) seines Vermögensvorteils wegen oder in grob anstößiger Weise eigene oder fremde Hilfeleistung zur Vornahme einer Selbsttötung anbietet, ankündigt, anpreist oder Erklärungen solchen Inhalts bekanntgibt, wird mit Freiheitsstrafe bis zu zwei Jahren oder mit Geldstrafe bestraft.

(2) Absatz 1 Nr. 1 gilt nicht, wenn Ärzte darüber unterrichtet werden, welche Ärzte, Krankenhäuser oder Einrichtungen bereit sind, Beihilfe zur Selbsttötung unter den Voraussetzungen des § 217 Abs. 3 und 4 vorzunehmen."

Artikel 2
Änderung des Betäubungsmittelgesetzes
Das Gesetz über den Verkehr mit Betäubungsmitteln (Betäubungsmittelgesetz – BtMG) in der Fassung der Bekanntmachung vom 1. März 1994 (BGBl. I S. 358), das zuletzt durch Arti-

kel ... des Gesetzes vom ... (BGBl. I S. ...) geändert worden ist, wird wie folgt geändert:

§ 13 wird wie folgt ergänzt:

Nach Absatz 1 Satz 1 wird folgender Satz 2 neu eingefügt:

„Die Anwendung ist auch begründet, wenn die Voraussetzungen des § 217 Abs. 3 und 4 StGB erfüllt sind."

Artikel 3
Inkrafttreten

„Dieses Gesetz tritt am ... (Tag nach der Verkündung) in Kraft."

Andreas Jurgeleit

EIN RECHT AUF LEBEN UND AUF TOD

Nach repräsentativen Umfragen befürworten bis zu siebzig Prozent der in Deutschland lebenden Menschen eine „aktive Sterbehilfe". Besteht also Handlungsbedarf, weil ein Sterben in Würde in Deutschland nicht möglich ist? Entspricht es dem ganz überwiegenden Willen der Bevölkerung, eine aktive Sterbehilfe, wie sie in den Niederlanden und Belgien praktiziert wird, auch in Deutschland gesetzgeberisch zu ermöglichen? Da erscheinen die Vorschläge, einen ärztlich assistierten Suizid als ärztliche Aufgabe und damit ärztliches Angebot an Patienten zu regeln, als Kompromiss. Diese Regelung würde der – vermeintlichen – Auffassung der Bevölkerung entgegenkommen, ohne dass die aktive Sterbehilfe eingeführt würde.
Eine solche Sichtweise greift zu kurz.
Die Umfragen zeigen, dass etwa sechzig Prozent der repräsentativ Befragten sich über die derzeit geltenden Regelungen nicht hinreichend informiert fühlen. Zudem ist nicht nachvollziehbar, worauf sich die Meinung von vierzig Prozent der Befragten stützt, gut oder sehr gut über die Rechtslage informiert zu sein.
Meine Erfahrung aus vielen Gesprächen zeigt, dass die jetzige Rechtslage zur Wahrung des Selbstbestimmungsrechts am Lebensende vielen, auch professionell mit juristischen oder medizinischen Fragen Betrauten, nicht hinreichend bekannt ist. Begriffe wie aktive und passive Sterbehilfe werden mit Inhalten gefüllt, die der Rechtslage vor dem 1. September 2009 (Inkrafttreten des Patientenverfügungsgesetzes) geschuldet sind, dem aktuellen Stand aber nicht entsprechen. Ziel der nachfolgenden Darlegungen ist es, die jetzige Rechtslage zu erläutern und darzustellen, dass ein Gesetzgebungsbedarf grundsätzlich nicht besteht.

A. Die aktuelle Rechtslage zur Umsetzung des Patientenwillens

Die aktuelle Rechtslage lege ich anhand eines typischen, realen Falles dar.

Fall

Eine einundachtzigjährige, bereits durch einen Schlaganfall vorgeschädigte Frau erleidet zunächst zuhause und dann im Krankenhaus mehrere weitere Schlaganfälle, die sie nur überlebt, weil sie sich auf einer Schlaganfallintensivstation befindet. Als Folge ist sie blind, linksseitig gelähmt, nicht in der Lage zu sitzen und geistig nicht mehr orientiert. Ein Gespräch ist nicht möglich, da sie sich in einer eigenen Welt befindet. Ihren Sohn erkennt sie manchmal und drückt dann auch seine Hand. Oral oder mittels eines Tropfes ist eine ausreichende Zufuhr von Flüssigkeit und fester Nahrung nicht gewährleistet. In der Folge würde der Tod innerhalb von etwa sechs Wochen eintreten. Der behandelnde Arzt im Krankenhaus schlägt vor, operativ eine Magensonde zu legen, mit der die Versorgung sichergestellt werden kann. Die Patientin hat ihren Sohn zu ihrem Bevollmächtigten eingesetzt. Seine Vollmacht gilt unter anderem auch für den Bereich der Gesundheitssorge einschließlich der Einwilligung oder Nichteinwilligung in eine ärztliche Behandlung beziehungsweise einen ärztlichen Eingriff, der mit der begründeten Gefahr des Todes verbunden ist. Darüber hinausgehende schriftliche Anordnungen hat sie nicht getroffen.

Was ist von wem in einem solchen Fall zu veranlassen? Welche Handlungsoptionen bestehen? Um zu verdeutlichen, wie sich anhand dieses typischen Falls in den letzten zehn Jahren die Rechtslage verändert hat, stelle ich die Rechtslage zunächst für die Zeit vor 2009 und anschließend für die Zeit danach dar.

I. Rechtslage vor 2009

Die dem Sohn als Bevollmächtigtem zustehenden Handlungsoptionen lassen sich am besten verdeutlichen, wenn wir unterstellen, der Sohn lehnte die vom behandelnden Arzt angebotene Operation ab. Nach der damaligen Rechtsprechung des Bundesgerichtshofs war die Weigerung, die ärztlich angebotene Operation durchzuführen, keine in Grenzen erlaubte passive Sterbehilfe. Die Annahme einer passiven Sterbehilfe setzte voraus, dass das Grundleiden des erkrankten Menschen unumkehrbar war, ein tödlicher Verlauf anzunehmen war und der Tod in kurzer Zeit eintreten würde. Erst in diesem Stadium der Erkrankung, das heißt in einem Zeitraum kurz vor dem Tod, sah es die höchstrichterliche Rechtsprechung in Strafsachen als gerechtfertigt an, von Hilfe für den Sterbenden und beim Sterben zu sprechen. Diese Auffassung entsprach den „Richtlinien für Sterbehilfe" der Bundesärztekammer. Und der beim Bundesgerichtshof zuständige Zivilsenat schloss sich der strafrechtlichen Beurteilung an, da die Zivilrechtsordnung nicht erlauben könne, was das Strafrecht verbiete. Diese engen Voraussetzungen für die Ausfüllung des Begriffs der Sterbehilfe liegen in dem von mir gebildeten Fall offensichtlich nicht vor. Ein unumkehrbarer tödlicher Verlauf, der den Tod in kurzer Frist herbeiführt, war durch die ärztlich angebotene Operation gerade verhinderbar. Damit stand dem Bevollmächtigten grundsätzlich keine Handlungsoption zu. Er war grundsätzlich verpflichtet, die Einwilligung in die Operation zu erteilen. Zwar hätte die alte Dame, wäre sie bei Bewusstsein gewesen, die Einwilligung in das Legen der Magensonde verweigern können. Die Entscheidungsmacht des Betreuers bzw. Bevollmächtigten sah die Rechtsprechung aber nicht als deckungsgleich mit dem Selbstbestimmungsrecht des Patienten an. Betreuer und Bevollmächtigter seien an die rechtlichen Vorgaben gebunden.

Die Rechtsprechung sah es aber als möglich an, einen − bindenden − wirklichen, das heißt antizipativ geäußerten oder mutmaßlichen Willen des nicht mehr entscheidungsfähigen Patienten gegen die Durchführung der angebotenen ärztlichen Maßnahme festzustellen. Welche Voraussetzungen für den wirklichen, als Patientenverfügung im Vorfeld geäußerten Willen vorliegen mussten, war gesetzlich nicht geregelt. Wollte der Betreuer oder Bevollmächtigte die Einwilligung in eine ärztlich angebotene Operation zur Legung der Magensonde verweigern, weil er einen entsprechenden Willen des Patienten meinte feststellen zu können, benötigte er zudem die vormundschaftsgerichtliche Genehmigung analog § 1904 BGB a.f. Unter welchen Voraussetzungen die Genehmigung zu erteilen war, regelten die Gesetze ebenfalls nicht.

Zusammenfassend ist festzustellen, dass dem betroffenen Menschen kein Recht zustand, losgelöst von gerichtlichen Genehmigungen seinen Willen zum Unterlassen einer ärztlichen Maßnahme oder zum Abbruch einer Behandlung umzusetzen. Das Schlagwort von der „Apparatemedizin", die ein Leben rein körperlich verlängert, führte zum emotionalen Widerstand und zur Bejahung von aktiver Sterbehilfe. Dies aber nicht im Sinne einer Tötung auf Verlangen, sondern auf der Grundlage des Wunsches, das Leben möge auf natürlichem Wege sein Ende finden.

II. RECHTSLAGE NACH 2009

Die Rechtslage nach 2009 ist geprägt durch das zum 1. September 2009 in Kraft getretene Patientenverfügungsgesetz (das 3. Betreuungsrechtsänderungsgesetz), das die Rechtslage revolutionär veränderte.

1. Zivilrecht

Der Bevollmächtigte hat seine Entscheidung über das Legen der Magensonde auf der Grundlage von § 1901 a BGB zu treffen, der für Betreuer und Bevollmächtigte gilt (§ 1901 a Abs. 5 BGB). Dafür muss er nach § 1901 a Abs. 1 BGB zunächst feststellen, ob die Patientin schriftlich festgelegt hat, ob sie in das Legen einer Magensonde einwilligt oder dies untersagt. Liegt eine entsprechende Patientenverfügung – wie in meinem Fall – nicht vor, hat der Bevollmächtigte nach § 1901 a Abs. 2 BGB die gegebenenfalls mündlich geäußerten Behandlungswünsche und ergänzend den mutmaßlichen Willen festzustellen. Dieser ist aufgrund konkreter Anhaltspunkte, insbesondere früherer mündlicher oder schriftlicher Äußerungen und ethischer, religiöser und anderer persönlicher Wertvorstellungen der Betroffenen, zu bestimmen. Diese Grundsätze gelten nach § 1901 Abs. 3 BGB *unabhängig von Art und Stadium der Erkrankung*, sind also nicht von der Schwere der Erkrankung und davon abhängig, ob die Erkrankung unwiderruflich und alsbald zum Tod führt.

Kommt der Sohn als Bevollmächtigter zu dem Ergebnis, es entspräche den Wertvorstellungen und Äußerungen seiner Mutter, das Legen einer Magensonde zu untersagen, so hat er seine Einwilligung in die ärztlich angebotene Maßnahme zu verweigern. Den sich daraus ergebenden Konflikt zwischen ärztlichem Angebot und mutmaßlichem Willen der Patientin löst § 1904 BGB. Nach § 1904 Abs. 2 BGB bedarf die Nichteinwilligung in eine ärztlich angebotene Maßnahme grundsätzlich der Genehmigung des Betreuungsgerichts, wenn die Gefahr besteht, dass die Betroffene aufgrund des Unterbleibens der Maßnahme stirbt, was hier der Fall ist. Anderes gilt aber, *wenn sich der Bevollmächtigte und der Arzt darüber einig sind*, dass die Nichterteilung der Einwilligung dem nach § 1901 a BGB festgestellten Willen der Betroffenen entspricht (§ 1904 Abs. 4 BGB). Wie kann der behandelnde Arzt im Krankenhaus dies beurteilen? Kennt der Arzt die Betroffene aufgrund früherer Behandlungen oder anderer persönlicher Kontakte, kann er die daraus gewonnenen Erkenntnisse verwerten. Zudem hat er nach § 1901 b Abs. 1 Satz 2, Abs. 3 BGB mit dem Bevollmächtigten Zustand und Prognose der Patientin zu erörtern, um den Handlungsbedarf so genau wie möglich zu definieren und damit den mutmaßlichen Willen konkret zu bestimmen. Schließlich bestimmt § 1901 b Abs. 2 BGB, dass er mit nahen Angehörigen und sonstigen Vertrauenspersonen sprechen soll, sofern dies ohne erhebliche Verzögerung möglich ist.

Sind sich auf dieser Grundlage Bevollmächtigter und Arzt einig, bedarf es keiner gerichtlichen Kontrolle. Besteht Uneinigkeit, muss das Betreuungsgericht beurteilen, ob es die Entscheidung des Bevollmächtigten, die Magensonde nicht zu legen, genehmigt. Maßgeblich dafür ist allein der Wille der Betroffenen, den das Betreuungsgericht u. a. unter Hinzuziehung eines Sachverständigen von Amts wegen festzustellen hat (§ 1904 Abs. 3 BGB, § 298 FamFG).

So weit die Rechtslage ohne Patientenverfügung. Ich wandle

nun den Fall ab und gehe davon aus, dass die Betroffene schriftlich untersagt hat, eine Magensonde zu legen. In diesem Fall hat der Bevollmächtigte nach § 1901 a Abs. 1 Satz 1 BGB zu prüfen, ob diese Festlegung auf die aktuelle Lebens- und Behandlungssituation zutrifft. Wenn er dies bejaht, ist er verpflichtet, diesen Willen umzusetzen. Der Arzt ist entsprechend an den in einer Patientenverfügung geäußerten und aktuell weiter gültigen Willen gebunden.

Zusammenfassend ist festzustellen: Nach der Gesetzeslage steht es jedem frei, durch die Bestimmung eines Bevollmächtigten, durch konkrete Anordnungen in Patientenverfügungen und die Niederlegung der eigenen allgemeinen Wertvorstellungen dafür Sorge zu tragen, dass ohne gerichtliche Verfahren ungewollte ärztliche Maßnahmen unterbleiben. *Der Furcht, einer „Apparatemedizin" ausgeliefert zu sein, nur noch als Hülle existieren zu müssen, kann begegnet werden.* Es müssen nur die vom Gesetz zur Verfügung gestellten Rechtsinstitute genutzt werden.

Funktioniert dieses System im Alltag? Das kann ich aufgrund meiner persönlichen Erfahrungen und der Berichte von Ärzten, Freunden und Bekannten uneingeschränkt bejahen. Die gesetzlichen Regelungen geben allen Beteiligten die notwendige Rechtssicherheit, die eine Grundlage für die notwendige Kommunikation zur Ermittlung des Patientenwillens bildet. So bestand auch in dem von mir gebildeten Fall nach einem eingehenden Gespräch zwischen Arzt und Bevollmächtigtem ein Konsens. Das Betreuungsgericht musste nicht eingeschaltet werden.

2. Strafrecht

Die dargestellte Rechtslage hat nicht nur im Betreuungsrecht und damit im Zivilrecht für Rechtsklarheit gesorgt, sondern zudem die strafrechtliche Sicht auf die Sterbehilfe grundlegend verändert. Der Bundesgerichtshof entschied, dass Sterbehilfe bereits dann geleistet werden kann, wenn die betroffene Person lebensbedrohlich erkrankt ist und die ärztlich angebotene Maßnahme zur Erhaltung oder Verlängerung des Lebens geeignet ist. In diesem Rahmen ist als Sterbehilfemaßnahme das Unterlassen, Begrenzen oder Beenden einer medizinischen Maßnahme gerechtfertigt, wenn dies dem tatsächlichen oder mutmaßlichen Willen im Sinne von § 1901 a BGB entspricht. Ob die Sterbehilfe durch ein Unterlassen oder Tun geleistet wird, ist unerheblich. *Wesentlich für eine erlaubte Sterbehilfe ist ausschließlich, dass sich das Handeln darauf beschränkt, einen Zustand (wieder)herzustellen, der einem bereits begonnenen Krankheitsprozess seinen Lauf lässt, indem zwar Leiden gelindert, die Krankheit aber nicht (mehr) behandelt, der Patient also dem Sterben überlassen wird.* Nicht gerechtfertigt sind dagegen gezielte Eingriffe, die die Beendigung des Lebens vom Krankheitsprozess abkoppeln. Im Gegensatz zur früheren Rechtsprechung ist es nicht mehr notwendig, dass die Grunderkrankung einen tödlichen Verlauf genommen hat und der Tod alsbald eintreten wird. Zudem bedarf es nicht länger spitzfindiger Versuche, gerechtfertigtes Unterlassen von verbotenem Tun zu unterscheiden. Es wird vielmehr im Anschluss an die zivilrechtlichen Regelungen auch strafrechtlich gewährleistet, dass jeder Patient bestimmen kann, entsprechend seinem Krankheitsverlauf ohne weitere medizinische Eingriffe zu sterben, und zwar unter *Linderung seiner Leiden durch palliativmedizinische Maßnahmen*. Die ärztlich gebotene schmerzlindernde Medikation ist, entsprechend dem Willen des Patienten, auch dann zulässig, wenn als unbeabsichtigte, aber in Kauf genommene unvermeidbare Folge der Todeseintritt beschleunigt werden kann (erlaubte indirekte Sterbehilfe). Verbotene aktive Sterbehilfe setzt erst ein, wenn gezielt in den zum Tode führenden Krankheitsverlauf im Sinne einer Lebensverkürzung eingegriffen wird.

III. Ergebnis

Durch das Patientenverfügungsgesetz hat sich die Rechtslage zugunsten der Umsetzung des Patientenwillens grundlegend geändert. Über diese Änderungen und die damit einhergehenden Möglichkeiten hat bisher aber keine hinreichende Aufklärung stattgefunden. Den meisten Bürgerinnen und Bürgern, auch Medizinern und Juristen, ist nicht hinreichend bekannt, welche Chancen das neue Recht bietet. Die Umfrageergebnisse, die einen gesetzgeberischen Handlungsbedarf suggerieren, sind vor diesem Hintergrund nicht aussagekräftig. Es bedarf deshalb auch keiner vermeintlichen Kompromissvorschläge.

B. BEIHILFE ZUM SUIZID

Die Teilnahme an einer freiverantwortlichen Selbsttötung ist nach jetziger Rechtslage straflos wie der Suizid selbst, da es an einer Haupttat fehlt. Das gilt auch für ärztliche Mitwirkungshandlungen. Soweit der Arzt mit seiner Mitwirkung an einer Selbsttötung gegen ärztliches Standesrecht verstößt, hat dies keine Auswirkungen auf seine Strafbarkeit. Im Einzelfall kann aber ein Verstoß gegen das Betäubungsmittelgesetz vorliegen. Die grundsätzliche Straflosigkeit der Beihilfe zur Selbsttötung ist im europäischen Kontext nicht selbstverständlich. So sehen England, Irland, Italien, Österreich, Polen, Portugal, Spanien und Wales ein vollständiges Verbot der Beihilfe zur Selbsttötung vor.

Die – liberale – Rechtslage in Deutschland bedarf grundsätzlich keiner Veränderung beziehungsweise normativen Verankerung. Die gesellschaftlichen Rahmenbedingungen haben sich aber geändert. Die Ärzteschaft diskutiert über die Frage, ob und inwieweit ein ärztlich assistierter Suizid eine ärztliche Aufgabe sein sollte. Sterbehilfeorganisationen bieten Hilfestellungen zum Suizid an. Es ist deshalb durchaus naheliegend, dies zu unterbinden, um dem Verfassungsauftrag, eine zum Leben ausgerichtete Gesellschaft zu schaffen, gerecht zu werden.

Keinesfalls bedarf es einer gesetzlichen Regelung über die ärztlich begleitete Selbsttötung. Die bisher dazu vorliegenden Gesetzentwürfe unterliegen zudem erheblichen verfassungsrechtlichen Bedenken, da sie zwischen einem menschlichen Leben, das lebenswert ist, und einem menschlichen Leben, das nicht lebenswert ist, differenzieren. Eine solche Unterscheidung ist unserer Verfassung fremd und ist mit dem Menschenbild des Art. 1 Abs. 1 GG nicht zu vereinbaren.

C. GESAMTERGEBNIS

Das Sterbehilferecht in Deutschland bedarf grundsätzlich keiner weiteren gesetzlichen Regelungen. Viel wichtiger ist es, den Menschen ihre berechtigten Ängste zu nehmen. Die erste Angst besteht darin, bloßes Objekt einer anonymen Apparatemedizin zu sein. Dieser Angst kann entgegengewirkt werden, indem die Menschen über ihre Rechte und Möglichkeiten, die das Patientenverfügungsgesetz bietet, eingehend informiert werden. Dann wird bei den meisten repräsentativ Befragten kein Wunsch mehr nach aktiver Sterbehilfe bestehen. Der zweiten Angst, nur unter kaum ertragbaren Schmerzen sterben zu können, ist durch die Sicherung einer palliativmedizinischen Versorgung auf hohem Niveau zu begegnen. Und die dritte Angst, nur noch eine Last für andere zu sein, begründet eine Aufgabe für uns alle. Der Gesellschaft obliegt es, eine Atmosphäre zu schaffen, in der sich jeder Mensch, auch der Sterbende, aufgehoben und respektiert weiß.

GENDERPERSPEKTIVE

Christine Boehl°

SORGE BIS IN DEN TOD – EIN ZWISCHENRUF

Da Frauen und Männer unter verschiedenen Bedingungen sterben und das Lebensende in anderem Maße begleiten, lohnt es sich, die Sorge bis in den Tod aus der Geschlechterperspektive zu betrachten. Dabei zeigt sich schnell: Sterben ist ein Frauenthema.

RAHMENBEDINGUNGEN DES LETZTEN LEBENSABSCHNITTS

Ausgangspunkt für einige soziologische Daten zum Geschlechterverhältnis von älteren und pflegebedürftigen Menschen ist zunächst die divergierende Lebenserwartung. Da Frauen mit 81,4 Jahren durchschnittlich sieben Jahre älter werden als Männer (74,5 Jahre)[1], sind sie öfter hochbetagt und ihre Krankheitsverläufe sind nicht nur aus geschlechtsspezifischen Gründen, sondern auch aufgrund des höheren Alters unterschiedlich. Beispielsweise sind sie weitaus häufiger demenzkrank, was nicht nur erhebliche Auswirkungen auf ihre Pflegesituation hat, sondern auch dafür relevant ist, wie sie durch Hospize und Palliative Care versorgt werden können, da diese zunächst auf Krebspatienten ausgerichtet waren und die Versorgung bei anderen Krankheitsverläufen zwar erheblich fortgeschritten, aber noch nicht ausreichend ist. Gerade Frauen sind daher darauf angewiesen, dass die Palliativversorgung ausgebaut und besser auf demente, hochbetagte und multimorbide Patienten

---

° Der Artikel gibt ausschließlich die persönliche Meinung der Verfasserin wieder.
1 Statistisches Bundesamt Wiesbaden: https://www.destatis.de/DE/Zahlen Fakten/GesellschaftStaat/Bevoelkerung/Sterbefaelle/Tabellen/Sterbealter Durchschnitt.html (ent. 14.05.2015).

zugeschnitten und dazu verstärkt mit der Geriatrie und Gerontopsychiatrie kooperiert wird.

Bedingt durch das höhere Lebensalter und Beziehungsmuster, in denen die männlichen Partner meist älter sind, müssen Frauen häufig ein mehrfaches Abschiednehmen verarbeiten, wenn sie nach dem (Ehe-)Partner Angehörige derselben Generation und Freunde verlieren. So müssen Frauen, die zeit ihres Lebens andere gepflegt haben (Kinder, Eltern und Schwiegereltern, danach häufig den Ehemann) erleben, dass sie selbst im Alter allein und auf die Zuwendung durch fremde Menschen angewiesen sind. Das fehlende soziale Umfeld spiegelt sich auch wider in den Orten, an denen sie ihren letzten Lebensabschnitt verbringen: So wird am Beispiel Pflegeheim besonders deutlich, dass die Sorge bis zuletzt in Deutschland ein weibliches Gesicht hat. Zwar ist der Anteil der Pflegebedürftigen, die zuhause versorgt werden, mit 71 Prozent erfreulich hoch. Allerdings profitieren die insgesamt 65 Prozent der weiblichen Pflegebedürftigen ungleich seltener von dieser häuslichen Sorge und müssen häufiger in Einrichtungen der Altenpflege leben, in denen 73 Prozent der Bewohner weiblich sind.[2] Bei der Datenbetrachtung fällt auf, dass Frauen nach dem Bezug von Pflegegeld auch deutlich pflegebedürftiger erscheinen: Ihre Pflegequote beträgt bei den über 85-Jährigen 42 Prozent gegenüber 30 Prozent bei gleichaltrigen Männern, jedoch ist das nicht nur gesundheitlich bedingt, sondern ein Antrag auf Pflegeleistung könnte schneller notwendig sein, weil diese Frauen häufiger alleine leben, während bei pflegebedürftigen Männern, die zuerst von ihrer Ehefrau versorgt werden, zunächst auf eine Antragstellung verzichtet wird.[3]

Für alle Frauen und Männer sinkt die Wahrscheinlichkeit, zuhause von Angehörigen gepflegt zu werden. So ist seit 1999 der Anteil derer, die vollstationär im Pflegeheim betreut werden, um 35,8 Prozent gestiegen. Das ist nicht nur darauf zurückzuführen, dass es mehr Pflegebedürftige gibt, sondern

---

2 Statistisches Bundesamt: Pflegestatistik – Pflege im Rahmen der Pflegeversicherung – Deutschlandergebnisse 2013, elektronische Publikation Wiesbaden 2015, S. 7.
3 Ebda, S. 8.

auch darauf, dass sich Familienkonstellationen verändert haben (z. B. mehr Singlehaushalte und Geschiedene) und die Mobilität von Arbeitnehmern dazu führt, dass die Generationen nicht mehr beieinanderleben. Auch die steigende Erwerbstätigkeit von Frauen, die sich bislang in der Familienpflege am meisten engagieren, wird sich entsprechend bemerkbar machen. Insbesondere für Frauen werden wir daher erörtern müssen, was das auch für den vorrangigen Wunsch, zuhause sterben zu können, bedeutet. Zweifelsfrei müssen die Anstrengungen verstärkt werden, ein gutes Leben im Pflegeheim so auszugestalten, dass das „Zuhause" von den Betroffenen begrifflich und emotional auf diese dann positiv vertraute Umgebung transferiert werden kann.

EXKURS: GENDERFRAGEN IN DER BEGLEITUNG STERBENDER

Geschlechtsspezifische Belange müssen sowohl in Einrichtungen der Altenpflege als auch in der Hospiz- und Palliativversorgung stärker berücksichtigt werden. Anders als zu Trauer und Schmerzempfinden gibt es bisher wenige Forschungsarbeiten zu geschlechtsspezifischen Fragen bei der Versorgung Sterbender. Diese späte Auseinandersetzung mag daher rühren, dass man angenommen hat, dass „im Sterben alle gleich sind", was unbestritten für den Wert des sterbenden Individuums, nicht aber für das Erleben der Sterbephase gilt.

So kann zum Beispiel angenommen werden, dass der Verlust sozialer Beziehungen für Frauen, deren Biografie durch Beziehungsarbeit geprägt war und die sich stark über die Fürsorge zu ihrer Familie definieren, besonders belastend ist. Dem entspricht, dass ältere Frauen die Rolle sozialer Beziehungen als am wichtigsten klassifizieren und, wenn es bei lebensbedrohlicher Krankheit noch Angehörige gibt, vor allem fragen: „Was werden die nur ohne mich machen?" Wahrscheinlich sind zudem Fragen der Spiritualität für Frauen drängender, da sie zumindest im Alltag das religiöse und kirchliche Leben prägen. Offenkundig werden die geschlechtsspezifischen Unterschiede bei Fragen der Körperlichkeit: Da Frauen auf Grund der kulturellen Zuschreibung ungleich stärker über den Körper wahrgenommen werden, trifft sie die Altersdiskriminierung auf dieser Ebene stärker, weil sie ausschließlich „defizitorientiert" angesehen werden.[4] Für sie ist der Verlust körperlicher Attraktivität altersunabhängig besonders schmerzhaft und mit Scham verbunden, entsprechend muss die Sorge bis zuletzt beachten, was für eine Kränkung die altersbedingte körperliche Veränderung für sie bedeutet. Nur anführen möchte ich, dass sich der respektvolle Umgang in Bezug auf den körperlichen Intimbereich für beide Geschlechter von selbst gebieten sollte und Fragen gelingender Sexualität im Alter – auch im Sterbeprozess – berücksichtigt werden müssen.

Ich möchte Männer in diesen kursorischen Betrachtungen nicht vernachlässigen, jedoch liegen zu ihren spezifischen Bedürfnissen noch weniger Erkenntnisse vor – auch das ein Desiderat an entsprechende geschlechtsspezifische Forschung. So wird für Männer aus der Geschlechterverteilung im aktiven Leben geschlossen, dass sie am Verlust von Autonomie und Einfluss sowie an körperlichen Funktionseinbußen am meisten leiden, wenn die Lebenszeit vor allem beruflich gestaltet war. Diese Genderspezifika könnten sich bei kommenden Generationen ändern, schon längst ist „Ruhestand" nicht mehr nur ein männliches Thema, aber für die Betreuung jetzt sterbender Frauen und Männer sind die genannten Faktoren zweifelsohne zu berücksichtigen.

DIE ROLLE VON FRAUEN IN DER SORGE BIS IN DEN TOD

Die „Feminisierung", die sich aufseiten der Pflegebedürftigen zeigt, ist längst schon Realität bei den Pflegeleistenden. Sorge-Arbeit ist genuin weiblich – das gilt nicht nur für die geschlechtsstereotype Zuschreibung, sondern für den gesamten Arbeitsbereich, der mit der Zuwendung zum Menschen zu tun hat, und zwar sowohl für das Haupt- als auch das Ehrenamt und

---

4 Vgl. Beyer, Sigrid: Gendersensibilität in Alten- und Pflegeheimen. Chancen und Ressourcen, in: Reitinger, Elisabeth / Beyer, Sigrid (Hgg): Geschlechtersensible Hospiz- und Palliativkultur in der Altenhilfe, Frankfurt 2010, S. 315-326; S. 320.

die unbezahlte Familienarbeit. Aufschlussreich sind dazu einige ausgewählte Zahlenbeispiele: Von den circa sechs Millionen pflegenden Angehörigen sind zwei Drittel Frauen, fast die Hälfte von ihnen betreut schwere Pflegefälle. Es überrascht daher nicht, dass die meisten von ihnen Angst haben, die Situation nicht mehr länger bewältigen zu können, und 67 Prozent der Pflegenden sich (sehr) stark psychisch belastet fühlen. Schließlich pflegt die Hälfte schon länger als drei Jahre, neun Prozent bereits über zehn Jahre.[5]

Anders als für die (unbezahlte) Pflege in der Familie gibt es für den ehrenamtlichen Bereich der Sterbebegleitung keine verlässlichen Daten, da der Deutsche Hopiz- und Palliativverband den Geschlechteranteil nicht erhebt. Einen Anhaltspunkt kann daher der Hospizbericht für Österreich liefern, der einen Frauenanteil von 87 Prozent ausweist, der sich Beobachtungen zufolge in etwa auch auf den deutschen Raum übertragen lässt.[6] Wenn also in der Öffentlichkeit die Hospizbewegung als „Bürgerbewegung" gelobt wird, wäre es richtiger, von einer Bürgerinnenbewegung zu sprechen.

Im hauptamtlichen Bereich ist das Geschlechterverhältnis in Pflegeheimen besonders ungleich, in denen überwiegend weibliche Beschäftigte tätig sind (84,9 Prozent). Dabei fällt auf, dass dies für fast alle Berufsgruppen gilt, aber bezeichnenderweise mit 69,9 Prozent nur dort weniger Frauen sind, wo eine pflegewissenschaftliche Ausbildung an Fachhochschule oder Universität vorausgesetzt wird.[7] Ebenfalls überrascht nicht, dass dieser überwiegende Frauenanteil auf der Leitungsebene sowohl in Pflegeheimen als auch in Palliativeinrichtungen und oft auch in der Hospizarbeit nicht mehr vorhanden ist. Bei prakti-

---

5 Studie des Instituts für Demoskopie Allensbach im Auftrag der R+V Versicherung 2013: http://freiraum-fuers-leben.de/presse/Studienbooklet_Weil_Zukunft_Pflege_braucht.pdf.
6 Hospiz Österreich. Dachverband von Palliativ- und Hospizeinrichtungen: Datenerhebung 2013: http://www.hospiz.at/pdf_dl/Ergebnisse_ Datenerhebung_2013. pdf; Abb. 15.
7 Der Frauenanteil in deutschen Pflegeheimen aufgeschlüsselt nach Berufsgruppen s. Statistisches Bundesamt: Pflegestatistik – Pflege im Rahmen der Pflegeversicherung – Deutschlanderbebnisse 2013 Wiesbaden 2015, Tab 3.7, S. 25.

zierenden Ärzten zum Beispiel ist das Geschlechterverhältnis zunehmend ausgewogen, so liegt auch bei den Fachärzten, die eine Zusatzweiterbildung zur Palliativmedizin absolviert haben, der Frauenanteil seit circa vier Jahren konstant bei 43,5 Prozent.[8] Diese Zahlen spiegeln sich dagegen noch nicht ansatzweise wider auf der Ebene der Chefärzte, der leitenden Positionen in Krankenhäusern und schon gar nicht auf der Ebene der ordentlichen Professuren in der Medizin.[9] Dieser Hinweis ist auch im Hinblick auf prekäre Arbeitsbedingungen und Altersarmut relevant, die vor allem Frauen trifft, weil sie öfter in schlecht bezahlten Berufen oder in Teilzeit beschäftigt sind bzw. aus familiären Gründen Erwerbspausen einlegen – mit entsprechenden Folgen für ihre Rente.

Der kurze Überblick zeigt: Frauen stellen nicht nur die Mehrzahl der „Alten" und der pflegebedürftigen Menschen, sondern sie spielen auch eine ausgesprochen große Rolle in der Begleitung des guten Lebens im hohen Alter bzw. am Ende des Lebens, wenn es um die Fragen eines guten Sterbens geht. Auf der Ebene des aktiven Tuns scheint ihre Gestaltungsmacht hier also fast übermächtig – unterproportional dagegen sind Frauen in die Entscheidungsprozesse über die Rahmenbedingungen des guten Sterbens eingebunden. Für die politische Ebene sind beispielsweise im Bundestag 36,5 Prozent der Abgeordneten weiblich, ähnlich stellt es sich auch auf der Ebene der politischen Beratung von Sachverständigen und bei den Lehrenden in den medizinischen Berufen dar. Ein erster klarer (Selbst-) Auftrag an Frauen und ihre Verbände lautet daher: Wir müssen die entsprechende Mit-Entscheidung entschieden(er) einfordern, da die geschlechtsspezifischen Fragen bislang nicht ausreichend im Blick sind.

---

8 https://www.gbe-bund.de/oowa921-install/servlet/oowa/aw92/WS0100 /_XWD_FORMPROC?TARGET=&PAGE=_XWD_2&OPINDEX=1&HANDLE R=XS_ROTATE_ADVANCED&DATACUBE=_XWD_30&D.000=ACROSS& D.001=PAGE&D.003=DOWN&D.397=DOWN&D.928=PAGE (ent. 29.04. 2015).

9 Vgl. z. B. Gesundheitspolitische Schriftenreihe der DGHO (Deutsche Gesellschaft für Hämatologie und Medizinische Onkologie e.V.) Band 5: Die berufliche Situation von Frauen in der Hämatologie und Onkologie. Fakten und Forderungen, Berlin 2014.

Vor weiterführenden Überlegungen ist ein Blick auf Erkenntnisse der Suizidforschung sinnvoll. Bei den jährlich circa 100 000 erfassten Suiziden in Deutschland ist der Geschlechtsunterschied erheblich, in allen Altersgruppen sind über 70 Prozent der Suizidenten männlich.[10] Die Suizidziffern (Selbsttötungen je 100 000 Einwohner) nehmen bei über 70-Jährigen massiv zu, weshalb G. Fiedler den Suizid in Deutschland zu Recht als ein „Phänomen des höheren Lebensalters" bezeichnet.[11] So ist die Suizidziffer bei Männern zwischen 85 und 90 Jahren 89,7 und bei Frauen 17,4 (mit steigender Tendenz), während sie bei 20- bis 25-jährigen Männern 11,3 und bei Frauen 2,8 beträgt. Das heißt konkret, dass fast ein Viertel der Selbsttötungen von Männern nach dem siebzigsten Lebensjahr stattfinden oder dass jede zweite Frau, die sich das Leben genommen hat, älter als sechzig Jahre war.[12] Gerade bei älteren Suizidenten spielen oft körperliche Erkrankungen eine Rolle neben der Angst vor schwerer Krankheit, vor Siechtum, Abhängigkeit und Hilflosigkeit oder funktionellen Einbußen. Daneben belastende Ereignisse wie Verlusterfahrungen (Tod des Partners) oder Kränkung bzw. interpersonelle Konflikte. Sehr häufig liegen psychische bzw. psychiatrische Erkrankungen vor, vor allem Depressionen, die bei älteren Menschen oft nicht richtig diagnostiziert und entsprechend nicht adäquat behandelt werden.[13]

---

10 2013 betrug ihr Anteil 75 Prozent, in absoluten Zahlen sind das 7 449 Männer (1,6 Prozent aller männlichen Verstorbenen) und 2 627 Frauen (0,6 Prozent aller weiblichen Verstorbenen). Neben diesen Zahlen ist von einer weit höheren Dunkelziffer auszugehen, da Suizide oft nicht als solche erkannt oder wegen des Tabus nicht ausgewiesen werden. Fiedler, Georg: Nationales Suizidpräventionsprogramm für Deutschland. Suizide in Deutschland 2013: http://www.suizidpraevention-deutschland.de/fileadmin/user_upload/Bilder/Suizide_2013/Suizidzahlen2013.pdf
11 Ebda.
12 Fiedler, Georg: Nationales Suizidpräventionsprogramm für Deutschland. Suizide in Deutschland 2013, http://www.suizidpraevention-deutschland.de/informationen/suizide-2013.html.
13 Vgl. Lindner, Reinhard et al: Suizidprävention im Alter, in: Lindner, R. et al.: Suizidgefährdung und Suizidprävention bei älteren Menschen, Heidelberg 2014, S. 67-74 sowie Nationales Suizidpräventionsprogramm

Für die organisierte Suizidbeihilfe liegen bisher kaum valide geschlechtsspezifische Daten vor. Bei einer jüngsten Studie zu den Suizidbegleitungen von Schweizern durch Dignitas und Exit Schweiz von 2003 und 2008 ist auffällig, dass mehr Frauen die Angebote in Anspruch genommen haben und genau wie bei den Suiziden ohne Beihilfe die Suizidziffer bei älteren Menschen deutlich höher ist. Von 1 301 Fällen waren 740 (d. h. 56,9 Prozent) Frauen und 561 (d. h. 44 Prozent) Männer.[14] Auch bei den 44 Suizidassistenzen, die der Verein Sterbehilfe Deutschland (StHD) 2014 geleistet hat, waren mehr Frauen betroffen, ihr Anteil von 61 Prozent entspricht dem der 613 Vereinsmitglieder.[15]

Diese Resultate, so auch die Autoren der Schweizer Studie, „deuten darauf hin, dass es tatsächlich verletzliche Bevölkerungsgruppen geben könnte" (neben Frauen sind dies allein Lebende und Geschiedene sowie sozial isolierte Personen, d. h. dieselben Risikogruppen wie beim Suizid ohne Beihilfe).[16] Da die Schweizer Studie nur einen Anhaltspunkt bietet, ist es für Schlussfolgerungen zu früh, jedoch muss zumindest weiter überlegt werden, ob Frauen für diese Angebote besonders vulnerabel sind. Auch das ist nicht nur ein Desiderat an die Forschung, sondern es bedarf einer breiten zivilgesellschaftlichen Auseinandersetzung, zu der ich nur wiederholen kann, dass *eine* prioritäre Handlungsaufgabe für Frauen darin liegt, sich in diesen Diskurs lautstark einzubringen. Da es nicht nur um die Artikulation eigener Interessen, sondern auch um die anwaltschaftliche Stellungnahme für jene geht, die keine eigene Stimme erheben können (beispielsweise Heimbewohner

(NaSPro) / Deutsche Gesellschaft für Suizidprävention (DGS): Wenn alte Menschen nicht mehr leben wollen, Köln 2015.

14 Steck, Nicole / Juncker, Christoph et al.: Suicide assisted by right-to-die associations: a population based cohort study; Int. J. Epidemiol. (2014), S. 1-9. Die Studie berücksichtigt für den Ausweis des prozentual höheren Frauenanteils rechnerisch, dass in den oberen Altersgruppen mehr Frauen leben.

15 Benzin, Torsten: Der Ausklang. Edition 2015, in: StHD-Schriftenreihe Norderstedt 2015, S. 9.

16 Pressemitteilung des Schweizerischen Nationalfonds zur Förderung der Wissenschaften (SNF) vom 19.02.2014.

oder demente oder behinderte Frauen und Männer), ist das auch eine Frage der Solidarität. Da aber qua menschlicher Kondition, theologisch „Geschöpflichkeit", im Lebensverlauf alle gleichermaßen betroffen sind, kann es in Fragen der Sorge bis in den Tod gar keine rein pro-solidarische Ebene geben.

FRAGEN, ZWEIFEL UND ANMERKUNGEN AUS DER GESCHLECHTERPERSPEKTIVE

Ein Zwischenruf genießt das Privileg, ausgehend von diesen soziologischen Befunden keine Antworten auf die großen Fragen präsentieren zu müssen, die ich auch nicht hätte, sondern sich auf Anmerkungen beschränken zu dürfen. Aus allen hier versammelten Diskussionsbeiträgen wird deutlich, dass sich die Ebenen *in der Diskussion* nicht trennscharf unterscheiden lassen, auch wenn sich die *normative* Frage zur Wertung der organisierten Suizidbeihilfe unabhängig stellt und auch eigens rechtlich zu regeln ist. Die Sorge bis in den Tod muss umfassend sein und setzt nicht erst bei fortgeschrittener lebensbedrohlicher Krankheit oder gar der Sterbephase an. Es geht daher nicht nur um bessere Palliativmedizin, sondern auch um Fragen von ausgrenzenden gesellschaftlichen Werturteilen und von Altersdiskriminierung.

Zweifelsfrei steht fest, dass wir nicht zulassen können, dass sich ein Mensch das Leben nimmt, weil er Angst vor unzureichender Hilfe oder schlechter Pflege hat oder weil er nicht weiß, welche Hilfe er bekommen könnte. Es bedarf also der gesellschaftlichen Verantwortung dafür, dass wir niemanden alleingelassen haben und erkennbare und erreichbare Optionen anbieten. Die Frage muss daher lauten: Welche Hilfestellung brauchen Menschen, damit sie sich *für* das Leben entscheiden können?

Da wir wissen, dass schwerkranke oder alte Menschen übereinstimmend Ängste vor schlechten Rahmenbedingungen als Begründung nennen, schneller sterben zu wollen, können wir hier zielführend ansetzen. Genannt werden die Angst vor sozialer Isolation, vor Funktionsverlusten und Schmerzen und die Angst, unnötigen medizinischen Behandlungen ausgeliefert zu sein, ebenso davor, abhängig zu werden, nicht mehr selbst entscheiden zu können und anderen (Angehörigen) zur Last zu fallen. Diesen Ängsten können wir in den meisten Fällen wirksam begegnen. Dafür ist es notwendig, die Sorge bis in den Tod als gesamtgesellschaftliche Aufgabe zu verstehen, die an den Bedürfnissen von Menschen ansetzt. „Bedürfnisse" im wohlverstandenen Sinn bedeutet dabei kein kontextunabhängiges Wünsch-dir-was-Programm, sondern erfordert eine detaillierte Bestandsaufnahme, die vorherrschende Ängste ernst nimmt und die vorhandenen Ressourcen berücksichtigt. Auf dieser Grundlage ist zu fragen: Welche Schritte helfen, die Sorge bis in den Tod zu verbessern? Welche Angebote sind entweder nicht zu stemmen oder laufen gar dem Ziel besserer Rahmenbedingungen entgegen?

Ich möchte im Folgenden anhand einiger Aspekte darstellen, was das konkret heißen kann – und dabei einer berechtigten Kritik gleich vorweggreifen: Die angestellten Überlegungen sind nicht utopisch, sondern erfolgen im Wissen darum, dass weder ein Mehr an gesellschaftlicher Wertschätzung älterer, kranker oder behinderter Menschen noch die beste Palliativmedizin das Problem von Suizidwünschen auflösen kann. Wir werden als Gesellschaft (leider) hinnehmen müssen, dass trotz besserer Rahmenbedingungen einzelne Menschen bleiben, die sich das Leben nehmen. Es ist daher richtig, dass unsere Rechtsordnung den Suizid ebenso wenig pönalisiert wie die Beihilfe im Einzelfall. Selbstverständlich stehen wir gerade in der kirchlichen Seelsorge in der Pflicht, auch die trauernden Angehörigen eines Suizidenten angemessen zu begleiten. Vorrangige Aufgabe der Gemeinschaft ist es jedoch, den *Ursachen* von Verzweiflung wirksam zu begegnen und nicht den „Träger der Ängste" abzuschieben.

Die Sorge bis zuletzt braucht bessere Rahmenbedingungen:[17]

a) auf der institutionellen Ebene

Sorge bedeutet nicht Ent-Sorgung und auch nicht Verwahrung alter pflegebedürftiger Menschen, sondern das Gestalten einer angenehmen letzten Lebensphase. Damit eine Sorge bis zuletzt geleistet wird, die diesen Namen auch verdient, muss Sorgearbeit auch monetär aufgewertet werden, sowohl in der Vergütung pflegender Berufe vor allem in der Altenpflege und in den erforderlichen Personalschlüsseln als auch (wie im laufenden Gesetzgebungsverfahren intendiert) für bessere Leistungsvergütungen im Bereich der Hospiz- und Palliativversorgung. Notwendig ist zudem, Maßnahmen zur Suizidprävention für alle Altersgruppen, besonders aber für ältere Menschen, zu verstärken, also auch die psychiatrische Versorgung in Alten- und Pflegeheimen auszubauen, weil gerade in den Einrichtungen depressiv Erkrankte bisher nicht ausreichend behandelt werden. Zwar besteht politischer Konsens, dass Missstände in der Betreuung älterer Menschen nicht hinnehmbar sind. Die aktuelle Pflegereform nimmt notwendige Schritte wie die Erhöhung des Personalschlüssels und bessere Leistungen für Demenzkranke vor – dennoch muss die Debatte über diesbezügliche Prioritätensetzung öffentlicher Ausgaben im Sozial- und Gesundheitsbereich intensiviert werden.

b) auf der gesellschaftlichen Ebene der Wahrnehmung

Weder die rechtlichen Rahmenbedingungen noch die Palliativmedizin können die Mängel auf der gesellschaftlichen Ebene im Umgang mit älteren, kranken, behinderten oder schlicht weniger leistungsstarken Menschen beheben, die ich mit „Wahrnehmung" überschreiben möchte. Eine Vielzahl von Akteuren muss sich daher gezielt entgegensetzen und Wert-

---

17 Den medizinischen Bereich klammere ich dabei bewusst aus, da er bereits in anderen Beiträgen ausgeführt wurde.

schätzung vermitteln, wo bislang Defizitorientierung vor-
herrscht. Nur nennen möchte ich dabei die Rolle der Medien, in
der die Darstellung von Alter weitestgehend fehlt und die durch
ihre Bildsprache die gesellschaftliche Maxime des „forever
young" und das Leitbild der „ewig schönen, schmalen, gesunden und fitten Frau" vorgibt.

Gerade auf dieser weich erscheinenden Ebene des gesellschaftlichen Klimas ist für die Kirche und die kirchennahen Verbände
ein zentrales Aktionsfeld, das ich besonders ansprechen möchte, weil es hier um eigene „Hausaufgaben" geht. Die Herange-
hensweise ist dabei bewusst einfach, betrifft die Wertschätzung doch zunächst banal erscheinende Alltagsbegegnungen,
die bei den berühmten Besorgungen für die Nachbarin ebenso
beginnen wie bei der Mitfahrgelegenheit zum Gottesdienst
oder dem Gemeindenachmittag. Auf der Ebene der mitmenschlichen Begegnung geht es um das „Wahr-nehmen" im
eigentlichen Sinn in seinen verbalen und non-verbalen Be-
standteilen, die durchbrechen, wo in der Gesellschaft alte,
gebrechliche, pflegebedürftige und bettlägerige Menschen
ausgeblendet und oftmals unsichtbar sind. Selbstkritisch ist an
dieser Stelle die Frage zu stellen, ob wir im gemeindlichen bzw.
verbandlichen Leben neben dem „mitleidigen Helfen" aufmerksam agieren, um weniger leistungsfähige Mitglieder nicht
nur helfend zu adressieren, sondern „befähigend einzubinden",
indem sie gezielt angesprochen werden, sich mit ihren spezifischen Fähigkeiten einzubringen.[18] Im selben Maße gilt es im
Verbands- und Gemeindeleben, die Sorgeleistenden (vor allem
Frauen) zu stärken, deren Tun auch in unseren Gemeinschaften
oft unbemerkt bleibt und weder Aufmerksamkeit noch Unterstützung erfährt. Das alles sind Aspekte, mit denen wir den
dringend notwendigen Perspektivenwechsel mitgestalten
können, damit alte und schwerkranke Menschen sich nicht als
Belastung erfahren, sondern als gleichberechtigte und gleich-
wertige Glieder einer Gesellschaft und Kirche, die verschiedene
Generationen umfasst.

---

18 Einfache Beispiele sind die Möglichkeit, Lektorendienste im Rollstuhl
zu übernehmen oder organisatorische mögliche Aufgaben auch an bettlägerige Personen zu übertragen.

Dabei stellen sich für unsere Kirche auch gravierende theologische Anfragen: Wie kann eine Kirche mit ihren strukturellen Herausforderungen eine zeitgemäße Altenpastoral gewährleisten? Gibt es genügend aufsuchende Angebote beispielsweise in Einrichtungen der Altenpflege und für finanzschwache alte Menschen (vor allem Frauen)?[19] Auch aus der Geschlechterperspektive stellt sich die Frage, wie vor dem Hintergrund des Priestermangels langfristig eine angemessene Trauer- und Sterbebegleitung geleistet werden kann und was es sakramentaltheologisch bedeutet, wenn die Krankensalbung (als Sterbesakrament) an die Ordination zum Priester gebunden ist. Ebenfalls ist zu fragen, wie eine verantwortungsvolle Begleitung gesichert werden kann, wenn Bistümer auf ausländische Priester zurückgreifen müssen, die ausgezeichnete Seelsorger sind, aber an Sprachbarrieren von beiden Seiten stoßen können, wenn es um Begleitung bei Tod und Trauer geht.

Aus christlich-ethischer Perspektive ist der Auftrag eindeutig: Eine humane Gesellschaft muss auf die Ängste und Nöte von Menschen am Lebensende andere Angebote unterbreiten, als den „schnellsten Ausweg" zu befördern. An dieser Zielsetzung sollte sich die Debatte orientieren.

---

19 Vgl. die Überlegungen von Breijick, Ute: Die plötzlich beige Gewordenen. Alters- und geschlechtssensible Seelsorge mit Frauen; in Evangelische Frauen in Deutschland (EFiD): Arbeitshilfe zum Weitergeben 2/2011, S. 67-71.

III.
ANTWORTEN IN KIRCHEN UND POLITIK

Frank Mathwig

VORBILD SCHWEIZ?
WAS DEUTSCHLAND VOM NACHBARLAND LERNEN KANN

1. ZUR ENTWICKLUNG DER ORGANISIERTEN SUIZIDHILFE IN DER SCHWEIZ

Die Entwicklung der organisierten Suizidhilfe in der Schweiz lässt sich grob in drei Phasen einteilen.[1] An ihrem Ausgangspunkt in den 1980er-Jahren stand die Kritik an einer Hochleistungsmedizin, die scheinbar grenzenlos menschliches Leben technisch erhalten konnte. Vor dem Hintergrund der Frage, woran der Mensch noch sterben dürfe, ging es um eine *Begrenzung der intensivmedizinischen Möglichkeiten am Lebensende*. Medizinische Maßnahmen, die ausschließlich dem Lebenserhalt galten, sollten abgebrochen oder verweigert werden dürfen. Die zweite Phase seit den 1990er-Jahren konzentrierte sich auf kranke Menschen am Lebensende. Angesichts unerträglicher Schmerzen und Leiden wurde gefordert, diese *ausweglosen Leidenssituationen in der terminalen Krankheitsphase durch*

---

1 Mit „EXIT deutsche Schweiz" (1982) – mit über 90 000 Mitgliedern und 583 Suizidbegleitungen in 2014 – und „EXIT Suisse Romandie" (1982), „Ex International" (1996) und „Dignitas" (1998) – die von 1998 bis 2014 920 Deutsche in den Tod begleitete –, um nur die größten Organisationen zu nennen, verfügt die Schweiz über eine mehr als 30-jährige Erfahrung mit der organisierten Suizidhilfe. Zur Diskussion vgl. Susanne Fischer et al., Suicide assisted by two Swiss right-to-die organisations, in: Journal of Medical Ethics 34/2008, 810-814; Frank Mathwig, Zwischen Leben und Tod. Die Suizidhilfediskussion in der Schweiz aus theologisch-ethischer Sicht, Zürich 2010; Matthias Mettner (Hg.), Wie menschenwürdig sterben? Zur Debatte um die Sterbehilfe und zur Praxis der Sterbebegleitung, Zürich 2000; Frank Th. Petermann (Hg.), Sicherheitsfragen der Sterbehilfe, St. Gallen 2008; ders. (Hg.), Sterbehilfe. Grundsätzliche und praktische Fragen. Ein interdisziplinärer Diskurs, St. Gallen 2006; Christoph Rehmann-Sutter et al. (Hg.), Beihilfe zum Suizid in der Schweiz. Beiträge aus Ethik, Recht und Medizin, Bern 2006; Alex Schwank / Ruedi Spöndlin (Hg.), Vom Recht zu sterben zur Pflicht zu sterben. Beiträge zur Euthanasiedebatte in der Schweiz, Zürich 2001.

assistierten Suizid abkürzen zu können. Nach der Jahrtausend-
wende schloss daran eine bis heute andauernde Diskussion
darüber an, ob auch psychisch kranken Menschen der assistierte Suizid zugänglich gemacht werden sollte.[2] Die dritte Phase
der organisierten Suizidhilfe beginnt mit der 2014 öffentlich
einsetzenden Diskussion um den sogenannten *Alters- oder
Bilanzsuizid*. Sie zielt darauf, die eigene „Lebenssattheit" –
unabhängig von Krankheit, Leiden oder dem nahen Lebensende – als hinreichenden Grund für Suizidhilfe zu akzeptieren.
Damit einher geht die Forderung, das verschreibungspflichtige
Suizidmittel Natrium-Pentobarbital älteren Menschen leichter
oder rezeptfrei zugänglich zu machen. In dem Zusammenhang
wird aktuell auch über alternative Suizidmethoden debattiert,
um die Suizidhilfe von einer notwendigen medizinischen Beteiligung unabhängig zu machen.
Die sukzessive Ausweitung des Adressatenkreises der Suizidhilfe von *Sterbenden* auf *Sterbewillige* und die Umstellung von
dem Kriterium der *Leidensverkürzung am Lebensende* auf das
formale Motiv der Selbstbestimmung (grundsätzlich in jeder
Lebensphase) dokumentieren einerseits den tiefgreifenden
Wandel der Begründungszusammenhänge und weisen andererseits auf eine – auch aus anderen Bereichen der Bioethik
bekannte – Eigendynamik hin. Die Geschichte der organisierten Suizidhilfe in der Schweiz zeigt, dass das – für sich betrachtet: starke – moralische Argument der Leidensverkürzung nicht
greift, um weiterreichende Forderungen oder Ansprüche im
Blick auf die Suizidhilfe zurückzuweisen. Das empathische und
in gewisser Weise solidarische Motiv der Leidensverkürzung im
Sterben entpuppt sich rückblickend als gesellschaftlicher Tür-
öffner für zunehmend egozentrische Suizidhilfeansprüche
(„Recht auf den eigenen Tod"). Die Straffreiheit der Suizidhilfe
schafft eine neue Realität, in der die ursprünglichen Motive und
Gründe (unerträgliches Leiden am Lebensende) für die Aufhe-
bung des Suizidhilfeverbots selbst einem permanenten Wandel
unterliegen. Neue Handlungsoptionen sind *ipso facto* nicht
selbstgenügsam, sondern schaffen eigene, „neue" Handlungs-

---

2 Vgl. das breit diskutierte Urteil des Bundesgerichts, Urteil 2A.48/2006
und 2A66/2006, Ziff. 6.1f.

zusammenhänge einschließlich der in diesen Kontexten gene-
rierten wechselseitigen Erwartungen und Normen.

2. DIE ORGANISIERTE SUIZIDHILFE IM RECHT

Die organisierte Suizidhilfe kann sich auf einen Gesetzesartikel
stützen, der bereits im schweizerischen Strafgesetzbuch von
1942 begegnet. Er lautet: „Wer aus selbstsüchtigen Beweg-
gründen jemanden zum Selbstmorde verleitet oder ihm dazu
Hilfe leistet, wird, wenn der Selbstmord ausgeführt oder versucht wurde, mit Freiheitsstrafe bis zu fünf Jahren oder Geldstrafe bestraft." Dem Artikel 115 StGB ging eine lange juristi-
sche Diskussion voraus, die auf eine grundsätzliche Schwierig-
keit der rechtlichen Regelung von Suizidhilfe aufmerksam
macht.[3] Im Zentrum stand die Frage nach den billigungswerten
moralischen Motiven für eine straffreie Beihilfe zur Selbsttötung. Als wesentlich wurde die affektive Nahbeziehung zwischen sterbewilliger und helfender Person angesehen. Suizidhilfe galt in einem emphatischen Sinne als „Freundschaftsdienst".

Die damaligen Debatten mündeten in einen Rechtsartikel, der
genau von dem absehen sollte, was zu seiner Aufnahme in das
Strafgesetzbuch motiviert hatte. Das im Vorfeld vorausgesetzte *Vorhandensein* starker moralischer Motive und Haltungen bei
den Helfenden kehrte sich mit Inkrafttreten des Gesetzes um in
die *Abwesenheit* bestimmter subjektiver Motivlagen, die unter
die diffuse Generalklausel der „selbstsüchtigen Beweggründe"
fallen.[4] Der Wechsel von einer moralischen zu einer juristischen

---

3 Vgl. Lorenz Engi, Die selbstsüchtigen Beweggründe von Art. 115 StGB
im Licht der Normenentstehungsgeschichte, in: Jusletter 4. Mai 2009;
Mathwig, Leben, a.a.O., 144–152; Helena Peterková, Sterbehilfe und die
strafrechtliche Verantwortlichkeit des Arztes, Bern 2013; Christian
Schwarzenegger, Selbstsüchtige Beweggründe bei der Verleitung und
Beihilfe zum Selbstmord (Art. 115 StGB), in: Petermann, Sicherheitsaspek-
te, a.a.O., 81-123; Petra Venetz, Suizidhilfeorganisationen und Strafrecht,
Zürich u. a. 2008, 109–120.
4 Vgl. Engi, Beweggründe, a.a.O., 2; Schwarzenegger, Beweggründe,
a.a.O., 96-108. Es entspricht der Unklarheit jenes normativen Tatbe-

Sichtweise der Suizidhilfe impliziert eine – rechtlich notwendige – vierfache Entmoralisierung: 1. der Verzicht auf die Rückbindung an affektive Nahbeziehungen; 2. das von persönlichen Interessen freie (faktisch kontraktualistische) Verhältnis zwischen den Beteiligten; 3. die Irrelevanz moralischer Haltungen und Motive bei den Helfenden und 4. die Referenz des negativen Ausschlusskriteriums auf äußere Handlungen anstelle innerer Motive. Die ursprüngliche Absicht, dass „nur eine Suizidbeihilfe aus achtenswerten Gründen von der Strafbarkeit ausgenommen werden sollte" wird bereits mit der Formulierung von Art. 115 StGB hinfällig, die nach heutiger Rechtsauslegung von einer „billigenswerten Motivation" oder „achtenswerten Gründen" vollständig absieht.[5] Die organisierte Suizidhilfe macht somit von einer Gesetzesauslegung Gebrauch, die dem ursprünglichen Anliegen des Gesetzgebers nicht entspricht.

Diverse Vorkommnisse innerhalb der Suizidhilfeorganisationen und die Zunahme des sogenannten „Suizidhilfetourismus" in die Schweiz führten nach diversen Vorabklärungen 2009 zu zwei Revisionsvorschlägen des Bundesrates zu Art. 115 StGB.[6] Die erste Variante wollte den Strafgesetzbuchartikel um Sorgfaltskriterien erweitern, die wesentlich denjenigen der Schweizerischen Akademie der Wissenschaften und der Nationalen Ethikkommission im Bereich Humanmedizin für die ärztliche Beteiligung bei der Suizidhilfe entsprachen:[7] freier, wohlerwogener und dauerhafter Sterbewunsch; Feststellung der Urteils-

---

standsmerkmals, dass es zwischen 1984 und 2014 lediglich zu sechs Verurteilungen kam; vgl. Bundesamt für Statistik BFS, Tabelle: Erwachsene. Verurteilungen für ein Verbrechen oder Vergehen nach Artikeln des Strafgesetzbuches (StGB), Schweiz und Kantone (je-d-19.03.01.02.03.01.02).

5 Engi, Beweggründe, a.a.O., 4.

6 https://www.bj.admin.ch/dam/data/bj/gesellschaft/gesetzgebung/archiv / sterbehilfe/entw-d.pdf (17.06.2015).

7 Vgl. SAMW, Betreuung von Patientinnen und Patienten am Lebensende. Medizinisch-ethische Richtlinien der SAMW, angepasste Fassung, Basel 2013; dies., Probleme bei der Durchführung von ärztlicher Suizidhilfe. Stellungnahme der Zentralen Ethikkommission (ZEK) der SAMW, Basel 2012; NEK, Beihilfe zum Suizid. Stellungnahme Nr. 9/2005; dies., Sorgfaltskriterien im Umgang mit Suizidbeihilfe. Stellungnahme Nr. 13/2006, Bern 2006.

fähigkeit[8] und des Vorliegens einer unheilbaren Krankheit im terminalen Stadium durch einen unabhängigen Arzt; Information über alternative Handlungsoptionen; Suizidhandlung mit ärztlich verschriebenem Mittel, kein Erwerbszweck des Suizidhelfers, vollständige Dokumentation. Die zweite Variante ergänzte den bestehenden Artikel lediglich um den Einschub „Wer aus selbstsüchtigen Gründen *oder im Rahmen einer Suizidhilfeorganisation* ...". Damit sollte zur ursprünglichen Intention der Suizidhilfe als „Freundschaftsdienst" zurückgekehrt und die Beihilfe als vereinsmäßige Aktivität verboten werden.[9] 2011 wurde das Revisionsprojekt aufgegeben. Interessant für die aktuelle Diskussion in Deutschland sind die in der Begründung genannten Nachteile einer ausdrücklichen Regelung der Suizidhilfe: staatliche Legitimation der Suizidhilfeorganisationen; dadurch Schaffung gesellschaftlicher Anreize für die Suizidhilfe; unterschwellige Unterscheidung zwischen schutzwürdigem und nicht schutzwürdigem Leben und Diskriminierung durch die Beschränkung der Suizidhilfe auf Todkranke; unzulässige Einschränkung des Selbstbestimmungsrechts und nicht durchsetzbare ärztliche Beteiligungspflicht.[10] Diese Einwände bedürfen einer eingehenden Prüfung, sind aber im Blick auf jede Gesetzgebung sorgfältig zu bedenken.

---

8 Zu dieser komplexen Frage vgl. Iris Graf et al., Entscheidungen am Lebensende in der Schweiz. Sozial-empirische Studie nach Konzept und im Auftrag von: Regina Aebi-Müller et al., Bern 2014; http://www.lebensende. ch/studie.pdf (17.06.2015); Manuel Trachsel et al., Umgang mit besonderen Herausforderungen bei der ärztlichen Beurteilung von Urteilsfähigkeit, in: Bioethica Forum 8/2015, No. 2, 56-60.
9 Michael Meier, Absurdes Gesetz zur Sterbehilfe, in: Der Bund 166/2015, Nr. 135 vom 13. Juni 2015, 1, hat kürzlich gegen die Absicht, in Deutschland Suizidhilfeorganisationen zu verbieten, aber Angehörigen Suizidhilfe zu erlauben, eingewandt: Die Angehörigen hätten „am Ableben eines Verwandten mitunter mehr Interesse als eine Sterbehilfeorganisation".
10 Bundesrat, Suizidhilfe: Stärkung des Rechts auf Selbstbestimmung. Medienmitteilung vom 29.06.2011; https://www.bj.admin.ch/bj/de/home/ aktuell/news/2011/ref_2011-06-29.html (17.06.2015).

3. ÄRZTLICHE BETEILIGUNG

Suizidhilfe in der Schweiz erfolgt in der Regel durch Abgabe des verschreibungspflichtigen Mittels Natrium-Pentobarbital, das sich die sterbewillige Person ausnahmslos selbst verabreichen muss (Tatherrschaft), ohne äußeren Zwang und im reflektierten Bewusstsein dessen, was sie tut. Die Zuständigkeit für die notwendigen Abklärungen im Sinne der Sorgfaltskriterien liegt bei dem Arzt, der das Rezept ausstellt. Der Ärzteschaft kommt in der Suizidhilfe *de facto* zentrale Bedeutung zu, ungeachtet dessen, dass diese Tragweite selten wahrgenommen, sondern – im Gegenteil – eher heruntergespielt wird. Die medizinisch-ethischen Richtlinien der SAMW halten zur Rolle der Ärzte bei der Suizidhilfe fest: „Auf der einen Seite ist die Beihilfe zum Suizid nicht Teil der ärztlichen Tätigkeit, weil sie den Zielen der Medizin widerspricht. Auf der anderen Seite ist die Achtung des Patientenwillens grundlegend für die Arzt-Patienten-Beziehung. Diese Dilemmasituation erfordert eine persönliche Gewissensentscheidung des Arztes."[11] Die von Anfang an umstrittene Formulierung gibt die ambivalente Stimmung unter der Ärzteschaft präzise wieder, wie eine jüngst publizierte Befragung von rund 1300 Ärztinnen und Ärzten zeigt.[12] Einer großen Akzeptanz der Suizidhilfe stehen sehr unterschiedliche Ansichten über die Art der ärztlichen Beteiligung gegenüber. „Viele Ärztinnen und Ärzte sind mit ernsthaften *Suizidwünschen* konfrontiert, nur wenige leisten tatsächlich *Suizidhilfe*."[13] Ein wichtiges – aber aufgrund seiner sozialwissenschaftlich und politiktheoretischen Implikationen kaum diskutiertes – Thema betrifft die Frage nach einer suk-

---

11 SAMW, Betreuung, a.a.O., 9.
12 Vgl. Susanne Brauer / Christian Bolliger / Jean-Daniel Strub, Haltung der Ärzteschaft zur Suizidhilfe. Im Auftrag der Schweizerischen Akademie der Medizinischen Wissenschaften, Zürich, 30. September 2014; Schweizerische Gesellschaft für Biomedizinische Ethik, SGBE (Hg.), Suizidhilfe in der Schweiz – zur Kontroverse um eine angemessene ärztliche Rolle. Beiträge von Samia A. Hurst und Frank Mathwig, mit einem Editorial von Christian Kind. Folia Bioethica 38, Basel 2013.
13 Brauer/Bolliger/Strub, Haltung, a.a.O., 114.

zessiven Medikalisierung des Suizids.[14] Die Formulierung, dass Suizidhilfe nicht Teil der ärztlichen Tätigkeit sei, wird von vielen als zu eng angesehen. Gleichwohl befürchten über 40 Prozent der Befragten bei einer Lockerung der Richtlinie einen steigenden Druck auf Patienten, Suizidhilfe in Anspruch zu nehmen, sowie eine wachsende Bereitschaft zur Tötung auf Verlangen. Darüber hinaus erklärt fast ein Drittel, dass sie versuchen würden, Patientinnen mit einem Suizidwunsch davon abzubringen. Es spricht einiges für die These, dass ein liberales Ethos und die Priorisierung der Patientenautonomie häufiger einer – gegenüber der eigenen Person eingeforderten – idealisierten Selbstwahrnehmung in der Ärzteschaft entspringen als der konkreten medizinischen Praxis.

4. SUIZIDHILFE AUS ETHISCHER SICHT

Die rechtliche Regelung, die grundsätzlich wohlwollende Haltung der Ärzteschaft gegenüber der Suizidhilfe und die breite Akzeptanz von Suizidhilfeorganisationen in der Bevölkerung kennzeichnen die Situation in der Schweiz. Wie lässt sich die Zustimmung zur Suizidhilfe in einer Gesellschaft erklären, die weder die Geltung des Tötungsverbots bestreitet noch sich gleichgültig zeigt gegenüber Menschen, die selbst Hand an sich legen? Suizidhilfe ist weniger ein moralisches Problem als ein Symptom liberaler Wohlstandsgesellschaften, die angesichts von Individualisierung und Flexibilisierung der Lebensformen und einem daraus resultierenden Verlust von Sozialkohäsion auf Eigenverantwortung (Autonomie) und Risikokalkulation (Handlungssouveränität) abstellen. Die These spiegelt sich in den Gründen wider, die Mitglieder von Suizidhilfeorganisationen für ihren Beitritt bzw. deren Inanspruchnahme angeben. Ein befürchteter körperlicher oder geistiger Souveränitätsverlust wird als Risiko wahrgenommen, gegen das Suizidhilfeorganisationen eine Art Versicherung anbieten, auf die im Notfall

---

14 Vgl. Samia A. Hurst, Doctors and suicide assistance. International questions and the Swiss context, in: SGBE (Hg.), Suizidhilfe, a.a.O., 35-64.

zurückgegriffen werden kann.[15] Das zeigt eine Untersuchung von Arztberichten und schriftlichen Dokumenten von „EXIT"-Mitgliedern über die darin genannten Suizidhilfegründe.[16] „The reasons most often reported by physicians (ph), as well as persons who sought help (p), were: pain (ph: 56 % of all assisted suicides, p: 58 %), need for long-term care (ph: 37 %, p: 39 %), neurological symptoms (ph: 35 %, p: 32 %), immobility (ph: 23 %, p: 30 %) and dyspnoea (ph: 23 %, p: 23 %). Control of circumstances over death (ph: 12 %, p: 39 %); loss of dignity (ph: 6 %, p: 38 %); weakness (ph: 13 %, p: 26 %); less able to engage in activities that make life enjoyable (ph: 6 %, p: 18 %); and insomnia and loss of concentration (ph: 4 %, p: 13 %) were significantly more often mentioned by decedents than by physicians."[17] Die nach den Schmerzen am häufigsten genannten Gründe betreffen mittel- oder unmittelbar die Handlungssouveränität im Sinne der Unabhängigkeit von dem Angewiesensein auf die Unterstützung anderer.

Der Befund stellt die – auch in der deutschen Diskussion begegnende – Standardantwort der Suizidhilfe in Frage. Die Forderung nach einem „selbstbestimmten Sterben" lenkt von den eigentlichen Herausforderungen ab, weil sie 1. Autonomiedefizite behauptet, die angesichts von Patientinnenrechten, Patientenverfügungen, Autonomie-, *Informed-consent*-Prinzip und Palliative Care nicht besteht; 2. Fürsorge, Lebensschutz und Autonomie als gegensätzliche bzw. unverträgliche Absichten oder Handlungsziele suggeriert; 3. einer verkürzten, individualistischen Sicht auf die menschliche Existenz Vorschub leistet; 4. einen irrationalen Moralismus (zwischen Autonomiebefürworterinnen und -kritikern) befördert und 5. Autonomie auf Handlungssouveränität reduziert. Das erklärt auch, warum Palliative Care, die nicht Autonomie, aber die Ideologie einer

---

15 Das entspricht den gängigen gesellschaftlichen Normen, nach denen wir mangelnde Absicherung gegen bestimmte Lebensrisiken als fahrlässig und unverantwortlich tadeln.

16 Susanne Fischer et al., Reasons why people in Switzerland seek assisted suicide: the view of patients and physicians, in: Swiss Med Wkly 2009/139 (23-24), 333-338.

17 Fischer et al., Reasons, a.a.O., 333.

selbstgenügsamen Existenz bestreitet, als Alternative zur Suizidhilfe pauschal zurückgewiesen wird.

Die langen Erfahrungen mit der organisierten Suizidhilfe in der Schweiz verdeutlichen die Herausforderungen für Staat und Gesellschaft. Festgehalten werden kann: 1. Eine dezidierte rechtliche Regelung führt faktisch zur Anerkennung der Suizidhilfe als einer legalen Handlungsoption. 2. Eine Suizidhilferegelung, die auf ein Mindestmaß humanitärer Verfahrensstandards und kontrollierbarer Strukturen nicht verzichten will, ist auf die Mitwirkung der Ärzteschaft angewiesen. Die schweizerische Praxis der Verschreibungspflicht des Sterbemittels Natrium-Pentobarbital und der ärztlichen Sorgfaltskriterien leistet beides. 3. Die üblichen Autonomierhetoriken sind kontraproduktiv, weil sie eine Klärung und Reflexion der gesellschaftlichen Ursachen und persönlichen Gründe für die Suizidhilfe verhindern. 4. Die Forderung nach Suizidhilfe ist ein Symptom für gesellschaftliche Entsolidarisierungstendenzen und einen zwischenmenschlichen Vertrauensverlust, unter dessen Eindruck die alltäglichen und zutiefst menschlichen Erfahrungen wechselseitigen Angewiesenseins zu prekären individualisierten Souveränitätsrisiken mutieren.

Andreas Lob-Hüdepohl

STERBEN DÜRFEN? STERBEN HELFEN?
THEOLOGISCH-ETHISCHE ERKUNDUNGEN IN
STRITTIGEM TERRAIN

I.

Fragen nach dem ‚Sterben dürfen' und dem ‚Sterben helfen' werden seit geraumer Zeit öffentlich sehr kontrovers diskutiert. Dies ist ein gutes Zeichen. Denn es signalisiert ein allseitiges Bewusstsein für die Brisanz, die Sterben und Tod für unsere höchst persönliche Existenz wie auch für das fundamentale Selbstverständnis einer modernen Gesellschaft besitzen. Die ungewöhnliche Ernsthaftigkeit, mit der etwa der Deutsche Bundestag in den letzten Jahren über diese Frage diskutiert hat, versieht dieses gute Zeichen nochmals mit mehreren Ausrufezeichen. Auch die Kirchen beteiligen sich an den öffentlichen Debatten. Bedauerlicherweise stoßen sie dabei gelegentlich auf ein wenig offenes Diskussionsklima; ihre Debattenbeiträge werden *ungeprüft* zurückgewiesen – oftmals allein mit dem Hinweis, dass ihre Positionen religiös motiviert seien und sie aufgrund ihrer notgedrungen theologischen Imprägnierung deshalb in den öffentlichen Debatten einer säkularen Gesellschaft oder gar in den Gesetzgebungsverfahren des Parlaments nichts zu suchen hätten.

Bevor ich auf die beiden gestellten Fragen aus der Perspektive *katholisch*-theologischer Ethik zwei erläuternde Antworten skizzieren möchte, sei mir deshalb eine grundsätzliche Vorbemerkung *zum geltungslogischen Status* dieser Antwortsuche erlaubt: Zum zeitgenössischen Selbstverständnis *katholisch*-theologischer Ethik gehört, dass sie auf die moralische Grundfrage ‚Wie sollen Menschen in dieser oder jener Situation handeln' *keine* Antworten formuliert, die *exklusiv* nur von katholischen Christen akzeptiert werden könnten – etwa als Folge ihrer besonderen Loyalitätsobliegenheit gegenüber einer göttlichen Offenbarungswahrheit. Ihre Antworten sind stattdessen *vernunftbasiert* und in dieser Weise grundsätzlich von allen oder

– wenn sie mit Mitteln der menschlichen Vernunft nicht hinreichend plausibilisiert bzw. begründet werden können – eben von *keinem* akzeptierbar – also auch von keinem Christen.[1]
Diese fundamentale Einsicht ist auch für die vorliegende Thematik sehr erheblich. *Einerseits* verbietet sie Antworten auf die Fragen des *Sterben-Dürfens* und des *Sterben-Helfens*, die sich auf eine vermeintliche Sondermoral oder ein fideistisches Sondergut katholischer Christgläubiger rückbeziehen wollen. Ihre Plausibilität muss sich stattdessen auf dem Wege vernünftiger Erkenntnis erschließen lassen, der grundsätzlich von allen Menschen guten Willens beschritten werden kann – auch und gerade dann, wenn diese Christen in der politisch-räsonierenden Öffentlichkeit einen Debattenbeitrag leisten wollen. Kommen ihre Antworten und Argumente nicht zur Geltung, dann fehlt ihnen womöglich ihre vernünftige Überzeugungskraft – und damit auch ihre theologische Dignität! Das heißt aber auch *andererseits*, dass ihre Antworten und Argumente nicht schon allein deshalb des öffentlichen Feldes verwiesen werden dürfen, nur weil sie von Christen als Christen oder von Theologen als Theologen vorgetragen werden. Wenn doch, dann treffen sie auf die tauben Ohren einer Öffentlichkeit, der die Vernünftigkeit religiöser Argumente schlicht unangenehm ist; eine Öffentlichkeit, die ihre eingewöhnten Selbstverständlichkeiten nicht irritieren und ihre Ruhe nicht stören lassen will.[2]

---

1 Diese theologisch begründete Einsicht hat der frühere Bonner Moraltheologe Franz Böckle schon vor vielen Jahrzehnten im Nachgang zu den epochalen Rückbesinnungen des Zweiten Vatikanischen Konzils auf die biblischen und traditionsgebundenen Fundamente der kirchlichen Lehre treffend auf den Punkt gebracht: „Die inkarnatorische Struktur des sich in der Person Jesu Christi in die Welt hinein verwirklichenden Daseinsaktes Gottes für die Menschen fordert notwendig eine Ethik, die – als inkarnatorische Ethik – fundamental universalisierbar sein muss, um eine echte Realisierung des soteriologischen Anspruchs ‚für die vielen' [...] zu ermöglichen." Franz Böckle: Moraltheologie und Exegese, in: Kertelge, Karl (Hg.), Ethik im Neuen Testament. Freiburg/Brsg. 1984, 197-210, 201.
2 Zu diesem Themenkomplex ausführlicher Andreas Lob-Hüdepohl: Zwischen Prophetie und Schweigen. Zum Geltungsanspruch ‚religiöser' Argumente im Raum politischer Öffentlichkeit. In: Stimmen der Zeit 233 (2015), 173-184.

Darauf hinzuweisen tut in der aktuellen Debatte etwa um die Frage des ärztlich assistierten Suizids bitter not!

II.

Dürfen wir sterben? Diese Frage mag zunächst Verwunderung auslösen. Immerhin führt am Tod und damit am Sterben kein Weg vorbei. Wir *müssen* sterben. Wenn wir die Frage allerdings so verstehen, ob wir uns selbst *freigeben dürfen in den Tod* und *das Sterben bewusst und aktiv gestalten,* dann macht die Frage natürlich Sinn: Dürfen wir das? Dürfen wir etwa in fortgeschrittenem Stadium eine Therapie, die das Sterben und den Tod künstlich hinauszögert, deren Lebenssinn sich ansonsten nicht mehr erschließt, abbrechen (lassen), selbst wenn sie ärztlich noch so indiziert ist? Ja, wir dürfen – auch und gerade als Christen. Niemand kann und darf uns zu irgendeiner Therapie zwingen. Die Entscheidung, nicht mehr alle denkbaren lebensverlängernden Maßnahmen auszuprobieren – koste es, was es wolle, diese Entscheidung kann uns niemand abnehmen, und niemand kann sie uns verwehren. Ich selbst entscheide, ob die Therapie von einem *kurativen* auf ein *palliatives* Ziel umgestellt wird – eine entsprechende medizinische Indikation vorausgesetzt. Genau das meint das Prinzip der Patientenautonomie: Ich muss in jede diagnostische oder therapeutische Maßnahme auf der Basis angemessener Information und Beratung bewusst und freiwillig einwilligen. Und ich kann diese Einwilligung verweigern; und das ohne nähere Angabe meiner Gründe.

Gelegentlich wird gemutmaßt oder sogar behauptet, dass diese Hochstellung persönlicher Autonomie und Selbstbestimmung im Widerspruch zum christlichen Menschenbild stehe. Das menschliche Leben sei schließlich ein Geschenk Gottes, über das der Mensch nicht eigenmächtig verfügen könne. Deshalb müsse es im Zweifelsfall gegen den selbstbestimmenden Willen des Betroffenen geschützt werden. Auf den ersten Blick scheint dieses vielfach bemühte und in christlichen Einrichtungen der Kranken- oder Altenpflege noch stärker exekutierte Argument plausibel. Aber es missachtet den Kern des christlichen Menschenbildes: Gott hat den Menschen als sein Ebenbild erschaffen – und mit ihm dessen freie Selbstbestimmung als unmittelbaren Ausdruck göttlichen Schöpferwillens. Die Tradition spricht deshalb von *theonomer*, also von Gott bestimmter und festgelegter Autonomie des Menschen: „Er hat am Anfang den Menschen erschaffen und ihn der Macht eigener Entscheidung überlassen" (Sir 14,15). Das Zweite Vatikanische Konzil hat dementsprechend den Gehalt *theonomer Autonomie* prägnant definiert: „Die wahre Freiheit aber ist ein erhabenes Kennzeichen des Bildes Gottes im Menschen: Gott wollte nämlich den Menschen ‚in der Hand seines Entschlusses lassen' (...). Die Würde des Menschen verlangt daher, daß er in bewußter und freier Wahl handle, das heißt personal, von innen her bewegt und geführt und nicht unter blindem innerem Drang oder unter bloßem äußerem Zwang" (GS 17).

Es wäre allerdings ein großer Irrtum, des Menschen gottgewollte Autonomie als die *Beliebigkeit* des ‚anything goes' oder gar als verantwortungslose *Bindungslosigkeit* aufzufassen. Autonomie ist demgegenüber zu verstehen als die „selbstgestaltete und selbstverantwortete Lebensführung inmitten jener Beziehungen zu anderen, in denen jeder Mensch als Individuum und Person überhaupt erst er selbst werden kann"[3], wie das Zentralkomitee der deutschen Katholiken das Selbstbestimmungsrecht des Menschen im Kontext von Sterben und Tod jüngst beschrieben hat. Das ZdK schlussfolgert weiter: „Jede selbstbestimmte Entscheidung eines Menschen hat Auswirkungen auf seine Mitmenschen und beeinflusst unweigerlich deren Lebensführung und Lebensschicksal. Jede Entscheidung muss deshalb in ihrer Wirkung auf andere nach bestem Wissen und Gewissen verantwortet werden können. Dies kann – aus ethischen Gründen – zu Selbstbeschränkungen führen."[4]

---

3 Zentralkomitee der deutschen Katholiken (Hg.): Ja zur palliativen Begleitung – Nein zur organisierten Suizidbeihilfe. Zur Diskussion um ein Verbot organisierter Beihilfe zum Suizid. Stellungnahme des Hauptausschusses vom 17.10.2014. Bonn 2014
4 Ebd.

III.

Dieser Umstand spielt freilich in den Diskussionen um das selbstbestimmte Sterben kaum eine Rolle. Viel zu stark bleiben sie einer neuzeitlichen Deutung von Sterben verhaftet, die das Sterben im Kern als *Machsal* (Odo Marquard) begreift, in dem sich die hohen Ansprüche eines durchplanten Selbstmanagements bis zur letzten Sekunde meinen beweisen zu müssen.

In vormoderner Zeit waren Sterben und Tod ein unverdrängtes, öffentliches Ereignis. Es wurde in allen Phasen des Lebens gewissermaßen unüberrascht gestorben; Tod und Sterben waren kontinuierliche Wegbegleiter der eigenen Biografie. Menschen starben in allen Lebensphasen, bedauerlicherweise, aber doch ohne dass dies als unnatürlich angesehen wurde – als Kind, als Jugendlicher, als junger Erwachsener oder als Hochbetagter. In früherer Zeit wurde die sich allmählich einstellende Nahrungsverweigerung älterer Menschen als natürlicher Prozessverlauf eines abschiedlichen Lebens gedeutet und respektiert: „Ganz gut geht's ihnen, aber sie mögen halt nichts mehr essen." Das Sterben eines Menschen galt vielen als ein sich einstellendes *Schicksal*, das durch beziehungsreiche Rituale und Zeremonien gezähmt sowie überwiegend durchhofft wurde auf das sich vollendende Leben in Ewigkeit.[5]

Es gehört zur Ambivalenz des medizinischen Fortschritts, diese Deutung und Verarbeitung des Sterbens und des sich anbahnenden Todes versachlicht, damit aber auch ihre zähmende und letztlich zur Gelassenheit führende Wirkung getilgt zu haben. Der Tod steht im medizinisch-technischen Sinne für den banalen Exitus biologischer Funktionen, das Sterben deshalb nur noch als Verfallsprozess vitaler Körperfunktionen, dem so lange wie möglich maximaltherapeutisch Einhalt zu gebieten ist. Zur Tragik des medizinischen Fortschritts gehört auch, dass er zwar die Allgegenwart des Sterbens und des Todes für eine überwiegende Zahl der Menschen bis an die äußersten Grenzen einer beträchtlich erweiterten Lebensspanne verbannen konnte, oftmals aber sogar zum Beklagten wird, wenn sich Verfall und Exitus der Körperfunktionen dann doch und fast

---

5 Vgl. Philippe Ariès: Geschichte des Todes. München 1995

schon *unverschämterweise* bei einem Patienten einstellen. Tod und Sterben mutieren vom Schicksal zum *Machsal*. Ihr Eintreten gilt in einer breiten Öffentlichkeit fast schon als medizinischer Skandal, als Versagen ärztlicher Kunst. So müssen Tod und Sterben wenigstens maximaltherapeutisch ‚gehändelt‘ und ‚gemanagt‘ werden. Diese oftmals unbewusst eingenommene Grundhaltung ist für die ernährungsmedizinische Versorgung älterer, dementer oder sterbender Menschen fatal: Denn sie führt oftmals zu einer ernährungsmedizinischen Überversorgung, die lediglich einen „unreflektierten klinischen Aktivismus"[6] spiegelt. Ursache dieses reflexartigen Aktivismus ist die ungewohnte und unangenehme Erfahrung eigener Ohnmacht in der terminalen Krankheitsphase eines unserer Fürsorge anvertrauten Menschen. Wenigstens will man doch den Sterbenden nicht verhungern und verdursten lassen! Auf der Seite (zukünftig) Betroffener manifestiert sich das Machsal ‚Sterben und Tod‘ im Bestreben, möglichst nichts dem Zufall zu überlassen und durch frühzeitige Festlegungen auch dann jederzeit noch ‚Herr der Lage‘ zu sein, wenn sich die gewohnten Selbstbehauptungskräfte des Individuums längst erschöpft haben. Auch das gehört unzweifelhaft zu den hintergründig wirkenden Motiven einer möglichst uneingeschränkten Vorfestlegung durch Patientenverfügungen.

Nicht zuletzt durch die Hospizbewegung angeregt, steigen in den letzten Jahren indes das Bewusstsein und das Gespür für das, was beim Sterben auch und ganz wesentlich ist: eine mitunter hoch dichte und sozial beziehungsreiche Phase, während dieser der Sterbende die geglückten wie missglückten Stationen seiner Biografie nochmals durcharbeitet – alleine oder auch mit anderen – oder in der er einfach nur abschiedlich leben lernt – manchmal in einer Weise, die ‚Gesunden‘ und ‚Außenstehenden‘ nicht zugänglich ist. In dieser Weise verändern sich Tod und Sterben nochmals vom Schicksal über das Machsal zu einem *Gestaltsal*: Das Sterben ist gewiss die unwiderruf-

---

6 Gerhard Richter: Ernährungs- und Flüssigkeitstherapie in der Terminalphase des Lebens: Ethische und medizinische Grundlagen. In: Schauder/Ollenschläger (Hg.): Ernährungsmedizin. Prävention und Therapie. München ²2003, S. 933-953, 952

lich letzte Phase des Lebens, die ein Mensch gerade deshalb mit einem möglichst hohen Maß an subjektivem Wohlbefinden, an subjektiv erlebter Würde durchleben will. Gesundheitsförderung und damit der ärztliche Behandlungsauftrag bestehen in dieser Phase darin, das subjektive Wohlbefinden des Sterbens zu ermöglichen und mitzugestalten: etwa durch psychosoziale Beziehungsarbeit, durch eine angemessene medizinisch-pflegerische Basisversorgung und durch eine behutsame ernährungsmedizinische Therapie, die auch zu ihrem Verzicht bereit ist. Solcher Verzicht ist aufseiten von Ärztinnen, Pflegern, Betreuern oder Gesundheitsbevollmächtigten das unbedingt erforderliche Widerlager zu einem abschiedlich Lebenden, der die *ars moriendi* nicht nur als Teil einer *ars vitae* zu lernen, sondern als *ars diminuendo*, als Kunst also der allmählichen Zurücknahme aus dem aktiven Leben, zu praktizieren sich müht und – nach christlicher Überzeugung – sich dabei darauf vorbereiten mag, seine Lebensführung in die Hände seines Schöpfers zurückzulegen.

IV.

Die Überlegungen zum Sterben als beziehungsreiches *Gestaltsal* legen ein tragfähiges Fundament für die Beantwortung der zweiten Frage: Sterben helfen? Diese Frage verlangt eine doppelte Antwort.
Die erste Antwort ist ein klares *Ja* – jedenfalls dann, wenn das ‚Sterben helfen‘ das ‚Helfen *im* Sterben‘, also eine *helfende Begleitung im Sterben* meint. Zu einer solchen helfenden Begleitung gehört vor allem die eben skizzierte Gesundheitsförderung zur Stärkung des subjektiven Wohlbefindens in einer Phase, in der das Sterben unumkehrbar in die letzte Phase getreten ist. Zur helfenden Sterbebegleitung gehören auch all jene Fallkonstellationen, die im öffentlichen Sprachgebrauch als *passive* und als *indirekt aktive* Sterbehilfe bezeichnet werden. *Passiv* ist eine Sterbehilfe, wenn der bereits unumkehrbar begonnene Sterbeprozess nicht länger verzögert und verlängert wird. *Indirekt aktiv* ist eine Sterbehilfe, wenn die palliativmedizinische Versorgung, die das Sterben erträglich machen

will, das Eintreten des Todes beschleunigen könnte. Zu Recht wird vermehrt darauf hingewiesen, dass diese Bezeichnungen missverständlich sind: Sie stellen durch die Verwendung des Terminus ‚Sterbehilfe' einen Bezug zur strafbewehrt verbotenen aktiven Sterbehilfe her. Damit rücken die Fallkonstellationen passive und indirekt aktive Sterbehilfe in das negative Odium vermeintlich strafbarer und bloß geduldeter Handlungen. Deshalb sollte konsequent von *Sterbebegleitung* gesprochen werden. Zudem gibt es fließende Übergänge, deren moralische Beurteilung schwierig ist. Palliation mit ihrem möglicherweise beschleunigenden Effekt erfolgt gelegentlich bereits *prä*terminal oder prophylaktisch, also zu einem Zeitpunkt, wo der Sterbeprozess noch nicht unumkehrbar eingesetzt hat. Ähnlich kontrovers diskutiert wird auch die *tiefe kontinuierliche Sedierung* als Variante der terminalen Sedierung, durch die das Bewusstsein des Sterbenden zwecks Symptomkontrolle dauerhaft narkotisiert wird.[7]

Dennoch ist der umfassende Ausbau der *palliativen* Begleitung Sterbender ein zentrales Anliegen der derzeitigen öffentlichen wie parlamentarischen Diskussion. Es ist sehr hoffnungsvoll, dass jenseits aller Differenzen über die Legitimität und die Legalität des assistierten Suizids darüber ein Konsens herrscht. Freilich darf der Ausbau palliativer Begleitung nicht auf Maßnahmen der medizinischen Palliation beschränkt bleiben – was oftmals übersehen wird. In ihrer berühmten Definition des Tumorschmerzes beschreibt Cecil Saunders ein *somato-psycho-sozio-spirituelles Phänomen*. Dieses bildet die Grundlage von *Palliative Care* als ‚palliatives Viereck', in dem Medizin, Pflege, Soziale Arbeit und Spiritual Care/Seelsorge zusammenwirken. Zudem darf sich dieses Zusammenwirken von professionellen Kompetenzen nicht auf stationäre Einrichtungen beschränken. Ein paar Sonderbetten in der onkologischen Fachabteilung einer Klinik reichen bei Weitem nicht aus. Über die Palliativstationen in Krankenhäusern und den stationären Hospizen hinaus muss vor allem die ambulante Palliativversorgung ausgebaut

---

7 Vgl. zur Kontroverse Claudia Bozzaro: Der Leidensbegriff im medizinischen Kontext: Ein Problemaufriss am Beispiel der tiefen palliativen Sedierung am Lebensende. In: Ethik Med 27 (2015), 93-106, bes. 95-97.

werden – sei es als spezialisierte, sei es als allgemeine ambulante Palliativversorgung, die eine häusliche Begleitung von schwerstkranken und sterbenden Menschen gewährleistet. Hier besteht ein vorrangiger Handlungsbedarf für die Politik, um durch strukturelle Maßnahmen so etwas wie eine *Letztverlässlichkeit* zu gewährleisten. Dies entspricht einem vitalen Interesse vieler Betroffenen. Aber auch die Kirchen stehen in der Pflicht. Sie müssen ihre noch bis weit in die 1990er-Jahre gepflegte Reserve gegenüber der Hospizbewegung endgültig überwinden und nicht nur ihre stationären Einrichtungen, sondern vor allem ihre ehrenamtlichen Netzwerkstrukturen von Gemeinden und Verbänden konsequent als ihren Beitrag zur Kultur der helfenden Begleitung im Sterben entwickeln.

V.

Die zweite Antwort auf die Frage ‚Sterben helfen?' verlangt hingegen ein unzweideutiges *Nein* – jedenfalls dann, wenn mit ihr die Hilfe *zum* Sterben gemeint ist; einer Hilfe also, die das Sterben durch ihre Intervention erst veranlasst. Das ist die Fallkonstellation der aktiven Sterbehilfe – sowohl in Gestalt der Tötung auf Verlangen wie in Gestalt der Beihilfe zum Suizid.

Während die *Tötung auf Verlangen* weitgehend abgelehnt wird und auch durch § 216 StGB strafbewehrt verboten ist, werden verschiedene Formen der Beihilfe zum Suizid kontrovers diskutiert. Gegenwärtig spitzt sich beispielsweise im Deutschen Bundestag die Debatte auf die ausdrückliche Straffreiheit des ärztlich assistierten Suizids in eng umgrenzten Einzelfällen (terminale Phase, unerträgliches Leiden) sowie des strafbewehrten Verbotes organisierter bzw. geschäftsmäßiger Beihilfe zum Suizid zu.

Zwar ist der ärztlich assistierte Suizid wie jede andere Form der Beihilfe zum Suizid strafrechtlich nicht verboten. Gleichwohl ist er durch viele Ärztekammern – entsprechend der Musterordnung der *Bundesärztekammer* – standesrechtlich verboten. Die Sanktionsandrohung bei Verstoß reicht bis zum Verlust der Approbation. Hier muss es, so das Argument der Befürworter der ausdrücklichen Straffreiheit des ärztlich assistierten Suizids, in eng umgrenzten Einzelfällen zu einer Rechtssicherheit kommen – im Interesse der betroffenen Ärzte ebenso wie im Interesse der Sterbenden. Auch wenn diese Sanktionsdrohung selten gegriffen hat und ihre Legalität sogar arbeitsrechtlich sehr umstritten ist, wirkt sie mit Sicherheit für viele Ärztinnen und Ärzte abschreckend. Auch die sehr uneinheitlichen Regelungen der deutschen Ärztekammern sind zweifelsohne unbefriedigend. Gleichwohl ist dem Ansinnen nach ausdrücklicher Straffreiheit in eng umgrenzten Einzelfällen grundsätzlich entgegenzuhalten, dass sie erheblich das besondere Vertrauensverhältnis zwischen Patient und seinen Ärztinnen und Pflegern belastet. Die Beziehung zwischen Arzt und Patientin muss auf Grund ihrer einzigartigen Dichte ('affektive Nahbeziehung') wie ihres einseitigen Abhängigkeitsverhältnisses über jeden Zweifel an einer achtsamen und sorgenvollen Behandlung des Patienten erhaben sein. Wenn es als Konsequenz einer langjährigen und vertrauensvollen Ärztin-Patient-Beziehung im Einzelfall zu einer Assistenz kommen sollte, liegt dies in einem Bereich existenzieller und womöglich tragischer Entscheidungen, der sich jeglicher rechtlicher Regelungen entzieht.

Anders hingegen verhält es sich bei der *geschäftsmäßig* betriebenen Beihilfe zum Suizid. Geschäftsmäßig heißt ein für jedermann erkenntliches Angebot, das auf *Dauer und Wiederholung* angelegt ist. Darunter fallen sowohl gewerbsmäßige wie vereinsmäßig organisierte Angebote, selbst wenn sie nicht mit Gewinnabsichten verbunden sind. Hier steht die Forderung im Raum, sie sogar strafbewehrt, also mit den Mitteln des Strafrechtes, zu verbieten. Interessanterweise greifen die Befürworter eines solchen Verbotes jenes Argument auf, das viele Unterstützer von Sterbehilfevereinen nutzen: das Selbstbestimmungsrecht von Sterbenden.[8] Diese Unterstützer argumentieren mit dem Recht auf Selbstbestimmung auch über das eigene Sterben und den eigenen Tod. Damit man von diesem Recht, das das Recht auf Suizid miteinschließt, tatsächlich Gebrauch machen könne, müsse durch Sterbehilfevereine ein verlässliches Angebot vorgehalten werden, selbst wenn nur sehr weni-

---

8 Vgl. exemplarisch die zitierte Stellungnahme des ZdK-Hauptausschusses vom 17.10.2014 (Anm. 3).

ge auf dieses letzte Mittel zurückgreifen würden. Diejenigen, die ein solches geschäftsmäßiges Angebot verbieten lassen wollen, wollen aber das Selbstbestimmungsrecht nicht auf diese Wenigen begrenzen. Selbst wenn ein geschäftsmäßiges Angebot ein angemessenes Vollzugsinstrument der Selbstbestimmung einiger Weniger wäre – was selbst zu diskutieren ist –, so würde es aber die Selbstbestimmung vieler anderer an deren Lebensende faktisch gefährden. Natürlich ist und bleibt die Entscheidung, ob ich ein solches Angebot in Anspruch nehme, immer meine höchst persönliche Entscheidung. Die Inanspruchnahme wird mir nicht zwangsverordnet. Gleichwohl ist und bleibt jede noch so gewissenhafte persönliche Entscheidung immer eingebunden in ein gesamtgesellschaftliches Klima, das jede Gewissensentscheidung beeinflusst – in welche Richtung auch immer. Das Zulassen geschäftsmäßiger Suizidbeihilfe – möglicherweise verbunden mit der Mitfinanzierung durch Krankenversicherungen oder Ähnliches – stiftet den Anschein einer Normalität, der allzu schnell in die Erwartungshaltung auf rechtzeitige Selbstentsorgung alter und schwersterkrankter Menschen durch Suizid umschlagen kann. Zwar muss man dieser Erwartungshaltung nicht entsprechen. Gleichwohl verschieben sich die Entscheidungsgewichte erheblich in Richtung auf die besondere Legitimationspflicht aufseiten derer, die keine Suizidbeihilfe in Anspruch nehmen. Genau das würde deren Selbstbestimmung faktisch schwer gefährden.[9]

Es wird keinen Sterbenden geben, der seine Entscheidungen an seinem Lebensende leichtfertig trifft. Alle werden solche Situationen als extrem belastend erleben. Aus der Perspektive christlicher Ethik wird man allerdings für die Interessen jener optieren müssen, deren Würde, also deren Gott geschenkte Einmaligkeit und Selbstzwecklichkeit, im Sterben besonders

---

9 Dass diese Gefahr real droht, lehren uns viele Beispiele: So müssen sich schon heute Eltern, die sich trotz eines pränatal diagnostizierten positiven Befundes über Anomalien des Fötus für die Fortsetzung der Schwangerschaft entscheiden, für diesen Schritt rechtfertigen – also dafür, dass die Frau *keine* krankhaft psychische Belastung hat, die durch das Wissen um eine genetische Anomalie ihrer Leibesfrucht ausgelöst wird und gemäß § 218a Abs. 2 StGB der einzige legale Grund ist, die Schwangerschaft abzubrechen.

bedroht ist. Und das sind unzweifelhaft die vielen, die sich zur rechtzeitigen Selbstentsorgung gedrängt fühlen müssten.

Sylvia Löhrmann

GESCHÄFTSMÄSSIGE BEIHILFE ZUM SUIZID VERMEIDEN, PALLIATIVMEDIZIN AUSBAUEN

Das Sprechen über den Tod ist in unserer Gesellschaft alles andere als selbstverständlich. Vielleicht ist es sogar ein Tabu. Das Sprechen über den Tod impliziert unsere Endlichkeit und berührt unsere Urängste. Deshalb ist es unheimlich anstrengend.

In dieser Tagung wie in diesem Buch stellen sich die Teilnehmerinnen und Teilnehmer, die Autorinnen und Autoren dieser Anstrengung – und debattieren über die Fragen „Sterben dürfen? Sterben helfen? In Gottes und der Menschen Hand". Eine solche normative Debatte ist auch deshalb so schwierig, weil die Einstellungen extrem geprägt sind von eigenen und sehr persönlichen Erfahrungen. So habe ich als Kind früh und mehrfach Sterben, Tod und Abschiede erlebt und kann vielleicht auch deshalb unbefangener über den Tod sprechen als andere, die solche Erfahrungen nicht machen konnten.

Mit solch unterschiedlichen Voraussetzungen sitzen die Teilnehmerinnen und Teilnehmer der Tagung einander gegenüber, versammeln sich Autorinnen und Autoren in diesem Buch und debattieren über aktive und passive Sterbehilfe, Hilfe zum Suizid, Palliativmedizin.

Angestoßen ist diese Debatte durch den Deutschen Bundestag. Und das freut mich als langjährige und überzeugte Parlamentarierin sehr – denn das ist ein Paradebeispiel dafür, wie die Vertreterinnen und Vertreter des Volkes eine zwar geführte, aber im Verborgenen stattfindende Debatte der Menschen aufgreifen und in eine breite gesellschaftliche Debatte überführen. Und so vielfältig, wie die Meinungen in der Bevölkerung sind, so vielfältig sind auch die Stimmen und Stimmungen im Bundestag.

Aber es gibt auch gemeinsame Positionen. Keine und keiner stellt die Straffreiheit des Suizids in Frage.

Die passive Sterbehilfe – zum Beispiel die Möglichkeit, lebenserhaltene Maschinen abzustellen, wenn dies dem ausdrücklichen Willen des Patienten oder der Patientin entspricht – stellt keiner in Frage.

Die Erlaubnis indirekter Sterbehilfe, also die Verabreichung starker Schmerzmittel, die durch ihre Wirkung auf geschwächte Organe auch das Leben verkürzen können, etwa Morphium bei Krebspatienten im Endstadium, will niemand verbieten.

Die wichtigste Gemeinsamkeit ist für mich aber folgende: Alle sehen die Notwendigkeit des Ausbaus von Palliativmedizin und von Hospizen: als Institutionen, die das Sterben professionell und den Menschen und ihrem Leben zugewandt begleiten – und auch die Angehörigen auf diesem schwierigen Weg unterstützen.

Dies ist die entscheidende Aufgabe, dass wir diese Angebote flächendeckend auf- und ausbauen. Und ich zähle auch die psychologische und psychiatrische Begleitung von sterbenden Menschen zu diesem Aufgabenfeld.

Von diesen Gemeinsamkeiten ausgehend, können wir – und kann ich persönlich – dann zu einer Antwort auf die große Streitfrage kommen: Müssen wir die organisierte assistierte Beihilfe zum Suizid verbieten oder nicht?

Der Bundestag drückt sich nicht vor dieser Frage, sondern nimmt einen zweiten Anlauf, zu einer Entscheidung zu kommen. Und auch ich will das versuchen.

Mein Ausgangspunkt ist die Angst vor dem Tod, vor dem Sterben, vor der Hilflosigkeit, der Einsamkeit, der Pflegebedürftigkeit, vor unerträglichen Schmerzen.

Ich glaube, dass diese Ängste oftmals überhaupt erst Forderungen nach einer Institutionalisierung der assistierten Beihilfe zum Suizid auslösen. Teilweise mit Mehrheiten in Umfragen. Dass diese Ängste offensichtlich weit verbreitet sind, *das* ist das, was uns Sorgen machen muss!

Rund 40 Prozent aller vollzogenen Suizide werden von Menschen über 60 Jahren begangen. Und sie nennen die oben genannten Gründe. Hinzu kommen gerade bei älteren Menschen vielfach nicht diagnostizierte Depressionen.

Das ist doch das, worum wir uns kümmern müssen! Und das tun wir sicherlich nicht dadurch, dass wir ihnen den Suizid erleichtern und – gerade bei labilen Menschen – dadurch Druck aufbauen, ihn dann auch zu begehen.

Davon bin ich überzeugt: Wenn wir den assistierten Suizid erleichtern, dann wird dieser Druck wachsen. Nicht am Tag der Entscheidung, nicht in den Monaten danach, sondern langsam und durchaus subtil, aber dauerhaft und nachhaltig.

Der Bundestag hat eine wichtige Debatte in der Gesellschaft angestoßen – aber die Entscheidung, die er trifft, kann weitaus größere Folgen haben als die Debatte selbst. Denn es ist die Antwort der Volksvertreterinnen und Volksvertreter auf die Frage: Wie stellen wir uns das Lebensende vor in einer Gesellschaft, die immer älter wird?

Ich bin überzeugt, dass wir in der Lage sind, alles Notwendige für menschenwürdige Bedingungen bei Pflege- und Hilfebedürftigkeit am Lebensende und in Krisensituationen zu tun. Und dass uns der längst überfällige Umbau des Pflegesystems ebenso gelingen kann wie der weitere massive Ausbau palliativer Versorgungsangebote und die Verbesserung der psychiatrischen Versorgung und der Suizidprävention.

Wenn wir als Gesellschaft hier unser Möglichstes getan haben und ein Mensch dann dennoch sterben will, dann ist das allerdings sein Recht. Dann soll er es auch in Würde und ohne schlechtes Gewissen tun können.

Wenn wir aber den assistierten Suizid als alltägliche Dienstleistung einstufen, kann er auch zu einer alltäglichen Dienstleistung werden. Und das wäre die Kapitulation vor unserer Aufgabe. Deshalb muss die Arbeit professioneller werden. Deshalb müssen Organisationen wie Sterbehilfe Deutschland oder Dignitas rechtlich unterbunden werden. Und deshalb darf es auch keine geschäftsmäßige Institutionalisierung der ärztlichen Suizidbeihilfe geben.

Aber ich will keine strafrechtliche Verfolgung, wenn Angehörige oder andere nahestehende Personen in einer individuellen Ausnahmesituation sich entschieden haben, im Einzelfall eine oder einen Sterbewilligen bei ihrem oder seinem Entschluss zu unterstützen. Das gilt ebenso für Ärztinnen und Ärzte, die eine langjährige Beziehung zur oder zum Sterbewilligen haben. Strafrechtliche Verfolgung wäre hier unangemessen – solange keine eigennützigen Motive hinter der Beihilfe zum Suizid stehen. Das fassen wir mit dem Begriff der Änderung des Therapieziels, und dessen Legalität muss vielleicht bekannter werden.

Auf Folgendes ist mir wichtig hinzuweisen: Wenn wir an unserer viel größeren Herausforderung scheitern, dem Umbau der Pflege, dem Auf- und Ausbau von Palliativmedizin, Hospizen und psychologischer Unterstützung, dann wird diese organisierte und geschäftsmäßige Beihilfe zum Suizid kommen. Und später dann die Forderung nach der Legalisierung der Tötung auf Verlangen. Vielleicht nicht im Jahr 2015, aber früher oder später.

Ich will nicht in zehn Jahren auf einer Tagung sein, deren Titel ohne Fragezeichen auskommt und lautet: „Sterben dürfen! Sterben helfen! – Sterben müssen!"

Michael Brand

Das Sterben mit Würde begleiten und ermöglichen

Dies ist ein Thema nicht nur für den Deutschen Bundestag, sondern es geht die ganze Gesellschaft an. Es wird uns auch nach der Entscheidung im Deutschen Bundestag weiter beschäftigen. Denn es geht um Selbstbestimmung und um die Menschenwürde.

Wir arbeiten, gemeinsam mit Claudia Lücking-Michel und anderen Kolleginnen und Kollegen, an einem gemeinsamen Entwurf von Abgeordneten aus allen Fraktionen, was sicher eher ungewöhnlich ist.

Bundestagspräsident Norbert Lammert hat am 13. November 2014 zu Beginn der Orientierungsdebatte im Deutschen Bundestag davon gesprochen, dass aus seiner Sicht dieses Gesetzesvorhaben das wohl anspruchsvollste in dieser Legislaturperiode sei.

Vorab will ich zunächst erläutern, was wir im Kern mit unserem Gesetzentwurf wollen: Wir wollen lediglich die geschäftsmäßige, organisierte Form der Suizidbeihilfe und den Missbrauch damit stoppen und unter Strafe stellen. Das ist der strafrechtliche Teil, der aber nicht im Vordergrund steht.

Es gibt nämlich zwei Seiten derselben Medaille, und die andere Seite ist uns noch wichtiger: nämlich der massive Ausbau der Hilfen für Menschen in Not, vor allem Schmerzpatienten, durch eine deutliche Stärkung der Palliativ- und Hospizversorgung.

Für Menschen in großer Not, vor allem mit enormen Schmerzen, ist dieses Angebot eine Alternative zu einem zumeist verzweifelten Suizidwunsch, der sich im Übrigen durchaus im Verlauf ändert, wie ich aus vielen Gesprächen mit Palliativmedizinern weiß. Natürlich ändert sich der Todeswunsch nicht alleine dadurch, dass man Hilfe anbietet. Tatsache ist aber, dass der ganz überwiegende Teil sich für das Leben entscheidet, wenn es echte Hilfe gibt. Auch deshalb können und müssen wir hier erheblich mehr tun.

Das ist nicht unsere alleinige Herausforderung im politischen und gesellschaftlichen Bereich. Es ist auch der Bereich der guten Pflege. Es ist auch der Bereich der Suizidprävention. Dazu zählt auch der Bereich, in dem niemand erkrankt ist, sondern sich schlicht alleingelassen fühlt, vereinsamt ist. Dies alles sind die Herausforderungen, denen wir uns in diesem Zusammenhang zu stellen haben.

Im Deutschen Bundestag waren sich trotz aller anderen Unterschiede in diesen Fragen alle einig: Wir müssen die Hilfen erheblich ausbauen. Das ist ein sehr wichtiger und wertvoller Konsens.

Wir in unserer Gruppe haben uns zum Ziel gesetzt, und das umschreibt es eigentlich ganz gut: den Missbrauch stoppen und die Hilfen stark ausbauen.

Was ist der Anlass für unsere Initiative? Es haben sich, und das ist neu, auch in Deutschland Sterbehilfevereine gegründet. Zudem gibt es Einzelpersonen wie den pensionierten Lehrer, der glaubt, Gutes zu tun, und mit der Kaffeemühle durch das Land reist und den tödlichen Cocktail für den Suizid anbietet.

Ein Palliativmediziner hat hier die Hände über dem Kopf zusammengeschlagen und gefragt: „Woher eigentlich kann dieser Mann beurteilen, ob das die richtige Therapie für diese Leute ist?" Zusätzlich möchte man moralisch fragen: Woher nimmt sich dieser Mann das Recht, verzweifelten Menschen statt einer Hilfe zum Leben den Cocktail zum Tod zu reichen?

Gute Initiativen zur Regelung und Eindämmung des Missbrauchs gibt es ja bereits seit 2006 aus dem Kreis der Bundesländer. Unser Ziel ist, ähnlich dem Ziel dieser Initiativen, geschäftsmäßige, organisierte Beihilfe unter Strafe zu stellen. Dabei fällt sowohl derjenige heraus, der als Angehöriger oder nahestehende Person diese Beihilfe in einem Ausnahmefall und ohne Absicht der Wiederholung vornimmt. Wie bisher soll die Beihilfe zur Selbsttötung auch in Zukunft straffrei bleiben.

Es soll also nur eine schmale, moderate Änderung geben. Wenn Sie die Lage bei europäischen Nachbarn wie Österreich, Spanien, Polen, Irland, England ansehen, dann sehen Sie, dass die Beihilfe dort unter Strafe steht und komplett verboten ist.

Wir erarbeiten mit Unterstützung führender Experten in sorgfältiger Weise einen Entwurf, der in moderater Weise ein sensibles Thema regeln will, ohne auf der einen oder anderen Seite zu weit zu gehen. Es wird ein Weg der Mitte: Unser Gruppenantrag beinhaltet, auch im Gegensatz zu angekündigten Entwürfen anderer Gruppen, weder weitreichende neue Strafbarkeiten wie ein Totalverbot, noch lässt er eine Öffnungsklausel für eine Ausweitung des ärztlich assistierten Suizids zu.

In der politischen Debatte begegnet uns dann die folgende Argumentation: Was Brand und andere hier vorschlagen, ist doch ganz vernünftig, aber wir packen da einfach obendrauf die eng begrenzte Freigabe des ärztlich assistierten Suizids.

Dazu muss man sehr klar sagen: Das wäre ein Dammbruch, den wir nicht zulassen dürfen. Dieser Vorschlag will den Ärzten eine Lizenz in die Hand drücken, gegen die sich die ganz überwältigende Mehrheit der Ärzteschaft wehrt, auch wenn eine Minderheit lauter in der Öffentlichkeit vernehmbar ist. Was derzeit dann noch freiwillig sein soll, nämlich die Suizidbeihilfe, wird schon allein aufgrund von Nachfrage bald Druck auf Ärzte ausüben, die Assistenz beim Suizid auch zu leisten. Mehrere Ärzte haben in einer Anhörung der CDU/CSU-Bundestagsfraktion mit Experten unterschiedlicher Positionen einem Kollegen, der für ärztlich assistierten Suizid und dabei entschieden gegen Töten auf Verlangen argumentierte, klar geantwortet: „Es ist nicht allein entscheidend, was Sie *wollen* – sondern, was Sie dann *bekommen!*" Ein Blick in unsere Nachbarländer Belgien, Niederlande, Schweiz und Luxemburg zeigt, wohin die Entwicklung dann geht.

Ich war vor einiger Zeit bei der Jahrestagung der Gesellschaft für Psychiatrie, Psychotherapie, Psychosomatik und Nervenheilkunde e.V. (DGPPN) in Berlin. Dort stand ein Arzt auf und sagte: „Es wird behauptet, die Ärzte könnten dies doch am besten tun. Ich würde mal ausdrücklich widersprechen: Ich habe den Arztberuf nicht gewählt, um Leben zu beenden, sondern um Leben zu retten und auch in schwierigen Lagen zu begleiten." Dies ist mehr als ein feiner, nämlich ein großer Unterschied, und er macht den Kern des Vertrauensverhältnisses zwischen Ärzten und Patienten aus.

Immer gibt es Schattierungen, Leben und Sterben sind nie nur schwarz und weiß. Aber eines ist sicher: Wäre das Wissen um die Möglichkeiten der jungen Palliativmedizin so verbreitet wie die Ängste um Schmerzen beim Sterben, hätten Millionen Menschen weniger Angst vor dem Sterben.

Ähnliches gilt im Übrigen auch für die heute verankerten Rechte von Patienten, die in der Patientenverfügung vorschreiben können, was Ärzte im Notfall zu tun oder vor allen Dingen auch zu lassen haben. Es muss niemand mehr einer nicht gewollten Apparatemedizin ausgeliefert sein, weil dies in einer Patientenverfügung schon vorab eindeutig unterbunden werden kann. Der Patientenwille ist entscheidend.

So ist nicht nur in der Debatte bis zur Entscheidung im Bundestag Anfang November, sondern auch weit darüber hinaus eine der großen Herausforderungen, die Menschen über die Möglichkeiten moderner palliativer Medizin und die Bedeutung einer Patientenverfügung oder auch einer Vorsorgevollmacht aufzuklären, um Ängste vor dem Sterben und auch die damit verbundene Tabuisierung des Sterbens und des Todes abzubauen.

Bundesgesundheitsminister Hermann Gröhe hat zur Stärkung der Palliativ-Hospizversorgung einen guten Gesetzentwurf vorgelegt. Im ambulanten palliativen Bereich, also der Versorgung von Patienten vor allen Dingen zu Hause, sind die Mittel seit 2009 inzwischen verzehnfacht worden. Eine Menge weißer Flecken bei der Versorgung sind durch diese Maßnahmen verschwunden, aber wir haben natürlich noch eine erhebliche Strecke vor uns.

Ich will aus meinem eigenen persönlichen Bereich den Fall meines Schwiegervaters beschreiben, dem beim Sterben durch palliative Betreuung sehr geholfen wurde. Diese Erfahrung hat mir gezeigt: Es geht nicht allein ums Geld. Natürlich geht es auch um Strukturen, um finanzielle Mittel, auch der besseren Vernetzung aller Betreuenden, um palliative Ausbildung in dieser noch jungen Medizin und Sensibilität mit den Betroffenen.

Das konkrete Erlebnis: Als ich eines Tages nach Hause kam und mein Schwiegervater statt im Krankenhaus zu Hause war, hat er berichtet, dass ihm dort – dem Krebspatienten mit seiner akuten Angst vor dem Ersticken – ein Arzt, auf der Tischkante in seinem Krankenzimmer sitzend, gesagt habe, er solle sich nicht so anstellen, er werde schon nicht ersticken. Natürlich hat mein Schwiegervater jedes Vertrauen in diesen Arzt verloren, er hat das Krankenhaus verlassen.

Wir sind dann auf einen Palliativmediziner getroffen, der zunächst einmal seine Handynummer daließ, unter der er 24 Stunden erreichbar war. Er wurde in der Nacht nicht ein einziges Mal angerufen, aber alleine das konkrete Angebot und die Geste haben sehr viel zur Beruhigung beigetragen. Wir haben die aufkommenden schwierigen Phasen in der Familie lösen können.

Bei meinem Schwiegervater konnte ich miterleben, wie gut palliative Versorgung tut im Kontrast zu seinem Krankenhaus, wo Palliativmedizin noch vor wenigen Jahren fast ein Fremdwort war. Er erfuhr dann respektvolle Behandlung bis zum Ende, viel Zuwendung und exzellente ärztliche und pflegerische Betreuung.

Das Gleiche konnten wir später mit dem ambulanten Hospizdienst erleben, eine sehr gute Erfahrung. Die haben von sich aus angerufen und meine Schwiegermutter gefragt, ob sie am Anfang der Woche nicht einmal zwei Stunden aus dem Haus wolle, zum Einkaufen oder Ähnliches. Dazu kam es leider nicht mehr, weil der Schwiegervater am Wochenende starb.

Aber alleine die Tatsache, dass sich jemand gemeldet und Hilfe angeboten hat, hat in der Familie so viele Kräfte freigesetzt, dass wir deutlich besser durch diese schweren Phasen gekommen sind. Für ihn und uns blieb sein Sterben zwar schwer, aber eben auch würdig.

Damit will ich sagen: Es geht vor allem um Gesten, um konkrete Zuwendung, sensiblen Umgang, Ansprache und nicht nur um Geld. Wir haben über unsere Erfahrung natürlich gesprochen und darüber berichtet. Und wir sind auf viele ähnliche Fälle gestoßen, im Guten wie im Negativen.

Dies ist einer der Wege: die Möglichkeiten der palliativen Medizin und hospizlicher Begleitung zum Allgemeinwissen machen. Das wird allgemein die Angst vor dem schweren Sterben sehr stark abbauen helfen.

Es geht also um die Hilfen: die Hilfen beim Sterben, nicht die Hilfen zum Sterben. Gerade am Ende des Lebens ist menschliche Zuwendung entscheidend, nicht allein medizinische Apparate oder Medikamente, schon gar nicht Verabreichung von tödlichem Gift. Es darf nicht um die technische Hilfe für den „schnellen Abgang" gehen, sondern um die menschliche Hilfe.

Zum Abschluss will ich einen weiteren zentralen Aspekt beleuchten. In der medialen Berichterstattung der letzten Monate wurde allzu oft in bedenklicher Form der Suizid sozusagen als heroischer Akt der Freiheit dargestellt.

Aufschlussreich sind hier Zahlen: Von den über 100 000 Selbstmordversuchen jedes Jahr enden rund 10 Prozent tödlich. Von den überlebenden 90 Prozent unternehmen weit mehr als 90 Prozent keinen zweiten Suizidversuch. Das heißt doch im Umkehrschluss, dass diese Menschen nicht (mehr) sterben wollen, ganz im Gegenteil: Die Suizidversuche waren Verzweiflungstaten, die durch eine sehr eingeschränkte und oftmals nicht mehr klare, selbstbestimmte Sicht auf die eigenen Nöte und auch die eigenen Chancen hervorgerufen wurden. Wer sich mit Suizidprävention befasst, der kann sich nur an den Kopf fassen über eine derartige verklärende Berichterstattung. Das Problem mancher Darstellung in diesen Tagen ist, dass sich zu wenig Platz findet für die Verzweifelten, sondern zu sehr für diejenigen, die laut und plakativ artikulieren können.

Mich haben einige Zeilen sehr berührt: Einer der Mitbegründer der *Berliner Tageszeitung*, Benedict Maria Mülder, inzwischen an ALS (Amyotrophe Lateralsklerose) erkrankt und nur noch fähig, mit den Augen zu steuern und zu schreiben, hat nach der medialen Inszenierung des angekündigten Suizids einer 29-Jährigen im US-Bundesstaat Oregon einen Artikel veröffentlicht, der die Überschrift hatte: „Lebenshilfe statt Sterbehilfe".

Als Reaktion auf die Schlagzeile der *BILD*-Zeitung zum Suizid der 29-Jährigen – „Tapfere Britney" – gibt er, der gelähmt ist und nur noch mit seinen Augen schreiben kann, der Frage Raum: Wenn Britney tapfer ist – was bin dann ich?

Diesen drohenden Perspektivwechsel muss Politik natürlich sehr ernst nehmen. Welchem Druck setze ich lebensbejahende Menschen aus, wenn der Suizid, ob assistiert oder nicht, gesellschaftlich oder medial heroisiert wird und Behinderung bei eigenen Kindern dazu führt, dass Freunde offen oder versteckt die Frage stellen, ob man dies nicht hätte mit Präimplantationsdiagnostik verhindern können. Will sagen: Es wird schleichend unterschieden in wertvolles und weniger wertvolles menschliches Leben.

Diejenigen, die nicht so selbstbestimmt leben können, weil sie physisch oder psychisch erkrankt sind, weil sie alt und schwach sind, werden von denjenigen dominiert, die selbstbestimmt entscheiden können, ob und wann sie selbst aus dem Leben scheiden. Dabei dominieren die angeblich so „Selbstbestimmten" am Ende über die weniger selbstbestimmten Schwachen, indem sie den Schwachen durch ihr Beispiel oder ihre Argumente implizit oder offen attestieren, eben schwach und nicht so selbstbestimmt zu sein.

Wer wollte in einer Gesellschaft leben, in der die Starken die Schwachen an den Rand oder gar über den Rand hinausdrängen? Wer will bestimmen, was menschlich wertvoll ist und was nicht? Wer will den Schwachen die Würde lassen, sie stärken, und wer ignoriert die Würde, auch und besonders des Schwachen?

Die Schwachen sitzen fast nie in den TV-Talkshows, sie sind wohl nicht hinreichend telegen. Und sie artikulieren sich auch darüber hinaus eher leise oder bleiben stumm. Mich berühren gerade die Briefe dieser Leute ganz besonders. Und wir verstehen uns auch und gerade als deren Anwälte in einer gesellschaftlichen Debatte, in der diese Menschen so gut wie keine öffentliche Lobby haben.

Der Gesetzgeber muss besonders sensibel sein, welche Auswirkungen eine Regelung gerade auf die Schwächsten hat.

Wir wollen mit unserem Ansatz verhindern, dass diese Menschen, die bereits unter genug Druck stehen, schleichend oder dynamisch wie in manchen Nachbarländern einem noch größeren, menschlich nicht erträglichen Druck ausgesetzt werden, ob offen oder nicht. Dies ist eines der Hauptmotive für unsere Anstrengung, im Deutschen Bundestag dafür zu kämpfen, dass die Würde des Lebens auch an dessen Ende gewahrt bleibt. Deshalb wollen wir keine weiteren Öffnungen, deshalb wollen wir keine Erhöhung dieses unmenschlichen Drucks, egal, ob er aus dem öffentlichen oder dem privaten Umfeld kommen mag, und unabhängig davon, ob er unabsichtlich oder absichtlich ausgeübt wird.

In einer aktuellen Umfrage des Sozialwissenschaftlichen Institut der EKD gibt es eine sehr bemerkenswerte Erkenntnis: Eine deutliche Mehrheit der Deutschen, über 60 Prozent, erwartet, dass bei einer Legalisierung des ärztlich assistierten Suizids in Zukunft mehr Menschen diese Form der Selbsttötung wählen würden, um nicht zur Belastung für die Familie zu werden. Die Befürchtung also ist real. Wenn wir die Tür zum ärztlich assistierten Suizid öffnen, dann werden wir sie nicht mehr schließen können, sie wird Stück für Stück weiter geöffnet werden, und es werden Menschen hindurchgeschoben oder hindurchgehen, die dies selbstbestimmt nicht tun wollen.

Wird diese Tür geöffnet, würde unabsichtlich oder mit Absicht in Deutschland das Töten auf Verlangen auch bald Praxis werden. In vielen Gesprächen haben Ärzte davor gewarnt, dass es vom Bereitstellen des tödlichen Giftes dann ein kleiner und von Menschen in Not erwarteter oder geforderter Schritt wäre, dass der Arzt auch das Gift und damit den Tod verabreicht. Es ist deshalb auch kein Wunder, dass diese Perspektive in der Ärzteschaft auf so vehementen Widerstand trifft. Die Freiwilligkeit wäre mutmaßlich keine langfristige, der Paradigmenwechsel für die Ärzteschaft allerdings hätte eine langfristige Wirkung, auch über das enge Verhältnis von Arzt und Patient hinaus.

Diese im Kern unumkehrbare Entwicklung nicht zu beginnen, sondern im Ansatz zu stoppen, ist ein menschlich und gesellschaftlich wertvoller Ansatz.

Wir wollen keine Euthanasiegesetze, wie sie in Belgien und in den Niederlanden auch so heißen. Wir wollen jede erdenkliche Hilfe für Menschen in Not, und wir wollen keine Öffnung hin zum Tod für Menschen in Not.

Der Tod liegt wie die Geburt nicht in unserer Hand. Wege zum Sterben darf niemand leichtfertig verkürzen. Ich kann gut damit leben, dass Tod nicht planbar ist. Dabei habe ich dieses Gottvertrauen und auch ein Grundvertrauen in Ärzte und Pfleger: Sie tun eigentlich alles Menschenmögliche, um Sterbende gut zu begleiten.

Daher wollen wir mit unserem Gesetzentwurf diese neuere Entwicklung der Ausweitung geschäftsmäßiger Beihilfe zur Selbsttötung stoppen und dabei die Hilfen für Schwerstkranke noch einmal deutlich erhöhen und flächendeckend in unserem Land zur Verfügung stellen.

Die vier Gesetzentwürfe im Deutschen Bundestag und ihre Begründungen

(1) Entwurf eines Gesetzes über die Strafbarkeit der Teilnahme an der Selbsttötung

Gesetzentwurf der Abgeordneten Patrick Sensburg, Thomas Dörflinger, Peter Beyer (...)

A. Problem

Der vorliegende Gesetzentwurf sieht vor, mittels eines neuen § 217 Strafgesetzbuch (StGB) Anstiftung und Beihilfe an einer Selbsttötung zu verbieten. Die bisherigen Regelungen zur sog. passiven Sterbehilfe, also etwa dem Abstellen lebenserhaltender Maßnahmen, werden durch den neuen Paragraphen nicht verboten. Die Beendigung einer Behandlung, die medizinisch nicht mehr angezeigt oder vom Patienten nicht mehr gewünscht ist, bleibt strafrechtlich erlaubt und zivilrechtlich zulässig (vgl. § 223 StGB in Verbindung mit § 228 StGB, ebenso § 1901 a Abs. 3 BGB). Die guten Erfolge der Palliativmedizin sollen vielmehr gefördert und nicht behindert werden.

Mit dem neuen § 217 StGB sollen Anstiftung und Beihilfe zum Suizid unter Strafe gestellt und damit verboten werden. Es ist strafrechtlich anerkannt, dass eine Anstiftungs- oder Beihilfehandlung, auch ohne dass die Haupttat bestraft wird, selbst strafbar sein kann. Dabei soll es, im Gegensatz zu den anderen Entwürfen, beim vorliegenden Entwurf keine Ausnahmen für bestimmte Gruppen geben. Der Antrag geht davon aus, dass sich solche Ausnahmen in einem Gesetz kaum regeln lassen. Weder Ausnahmen für Berufsgruppen noch Aufzählungen von Krankheiten, bei denen der assistierte Suizid zulässig sein soll, werden der Einzigartigkeit von Krankheitsbildern gerecht.

In extremen Einzelsituationen, bei denen z. B. keine Schmerztherapie hilft und großes Leiden besteht, bietet das Strafrecht auch heute schon Möglichkeiten, mangels Schuld ganz von Strafe abzusehen. Dies erwähnt der vorliegende Entwurf extra noch einmal.

Die Höchststrafe „bis zu 5 Jahren" wird nur in schlimmen Ausnahmefällen in Betracht kommen. Bei dem sensiblen Thema „Sterbehilfe" ist die Bedeutung der Begrifflichkeiten oft unklar, so dass die sog. „passive" und „aktive" Sterbehilfe häufig verwechselt werden. Ein klares Verständnis der Begriffe ist aber gerade aufgrund der Sensibilität des Themas wichtig. Bei der aktiven Sterbehilfe wird dem Patienten ein unmittelbar tödlich wirkendes Mittel, z. B. das Pentobarbital, verabreicht. Der Patient nimmt dieses nicht selbst zu sich, sondern es wird ihm gegeben. Damit wird bewusst und vorsätzlich ein neuer Kausalverlauf in Gang gesetzt, der unmittelbar und kurzfristig zum Tode führen soll. Die aktive Sterbehilfe ist in Deutschland gem. § 216 StGB unter Strafe verboten.

Beim assistierten Suizid wird dem Patienten das tödliche Mittel zur Selbsteinnahme zur Verfügung gestellt, weil er es sich nicht selbst verschaffen kann oder will. Er führt es sich aber selbst zu. Der Gehilfe billigt damit aber nicht nur die Wertentscheidung des Suizidenten, sondern er strebt selbst den Tötungserfolg durch notwendiges Handeln an. In anderen europäischen Ländern ist die Suizidassistenz verboten. So sind beispielsweise in Österreich, Italien, Finnland, Spanien, Polen und England sowohl der assistierte Suizid als auch jede andere organisierte und gewerbliche oder private Mitwirkung am Suizid untersagt. In Deutschland ist dies bisher nicht der Fall, obwohl aus Befragungen hervorgeht, dass 93 Prozent der Bürger der Überzeugung sind, Suizidbeihilfe sei strafbar.

Unter der passiven Sterbehilfe versteht man hingegen den Verzicht auf lebensverlängernde Maßnahmen bzw. deren Beendigung. Dies kann zum Beispiel geschehen, weil der Patient anhand einer Patientenverfügung derartige Maßnahmen ablehnt. Im Unterschied zur aktiven Sterbehilfe wird hier also kein Kausalverlauf in Gang gesetzt. Man lässt vielmehr den natürlichen Sterbeprozess geschehen. Die passive Sterbehilfe bleibt von dem Gesetz unberührt und wird nicht angetastet. Gerade die gute Arbeit in Hospizen soll hier gefördert werden.

B. Lösung

Der Gesetzentwurf will neben der aktiven Sterbehilfe außerdem die assistierte Suizidbeihilfe verbieten, alle anderen Formen des Begleitens im Tod aber stärken. Der vorliegende Gesetzentwurf will damit eine Begleitung bis in den Tod fördern und nicht die Beförderung in den Tod. Der Gesetzentwurf möchte an dem festhalten, was der Grundsatz der Unantastbarkeit der Würde des Menschen gebietet, und trifft damit einer klare Wertentscheidung: Grundsätzlich ist Suizidassistenz verboten, und nur in extremen Ausnahmefällen ist sie entschuldet.

Dies entspricht der bisher gelebten Rechtsüberzeugung und ärztlichen Praxis. Diejenigen Gesetzentwürfe, die eine Freigabe der Suizidassistenz wollen, werden letztlich Ärzten die Entscheidung aufbürden, wer ein Sterbemittel bekommt und wer nicht. Im Ergebnis wollen Angehörige und besonders der Selbstmörder einen schnellen und schmerzfreien Tod. Diesen werden sie von einem Arzt wünschen. Palliativärzte belegen aber, dass durch eine gute Betreuung der immer wieder aufkommende Sterbewunsch sich regelmäßig in einen Lebenswunsch verkehrt. Oft will der Mensch in der letzten Lebensphase „nicht mehr so leben" – leben will er aber doch. Der assistierte Suizid ist daher keine Sterbebegleitung, sondern das Beenden des Lebens in Fällen, in denen der Tod noch nicht von alleine kommt. Dies wollen wir nicht. (...)

ENTWURF EINES GESETZES ÜBER DIE STRAFBARKEIT DER TEILNAHME AN DER SELBSTTÖTUNG

Vom ...
Der Bundestag hat das folgende Gesetz beschlossen:

Artikel 1 Änderung des Strafgesetzbuchs
Das Strafgesetzbuch in der Fassung der Bekanntmachung vom 13. November 1998 (BGBl. I S. 3322), das zuletzt durch [...] geändert worden ist, wird wie folgt geändert:
1. In der Inhaltsübersicht wird die Angabe zu § 217 wie folgt gefasst: „§ 217 Teilnahme an einer Selbsttötung".

2. § 217 wird wie folgt gefasst:
„§ 217 Teilnahme an einer Selbsttötung
(1) Wer einen anderen dazu anstiftet, sich selbst zu töten, oder ihm dazu Hilfe leistet, wird mit Freiheitsstrafe bis zu fünf Jahren bestraft.
(2) Der Versuch ist strafbar."

Artikel 2 Inkrafttreten
Dieses Gesetz tritt am Tag nach der Verkündung in Kraft.

(2) ENTWURF EINES GESETZES ZUR STRAFBARKEIT DER GESCHÄFTSMÄSSIGEN FÖRDERUNG DER SELBSTTÖTUNG

Gesetzentwurf der Abgeordneten Michael Brand, Kerstin Griese, Kathrin Vogler, Dr. Harald Terpe, Michael Frieser, Dr. Eva Högl, Halina Wawzyniak, Elisabeth Scharfenberg, Dr. Claudia Lücking-Michel (...)

A. PROBLEM

Das deutsche Rechtssystem verzichtet darauf, die eigenverantwortliche Selbsttötung unter Strafe zu stellen, da sie sich nicht gegen einen anderen Menschen richtet und der freiheitliche Rechtsstaat keine allgemeine, erzwingbare Rechtspflicht zum Leben kennt. Dementsprechend sind auch der Suizidversuch oder die Teilnahme an einem Suizid(versuch) straffrei.
Dieses Regelungskonzept hat sich grundsätzlich bewährt. Die prinzipielle Straflosigkeit des Suizids und der Teilnahme daran sollte deshalb nicht infrage gestellt werden. Eine Korrektur ist aber dort erforderlich, wo geschäftsmäßige Angebote die Suizidhilfe als normale Behandlungsoption erscheinen lassen und Menschen dazu verleiten können, sich das Leben zu nehmen.
Ziel des vorliegenden Gesetzentwurfes ist es, die Entwicklung der Beihilfe zum Suizid (assistierter Suizid) zu einem Dienstleistungsangebot der gesundheitlichen Versorgung zu verhindern. In Deutschland nehmen Fälle zu, in denen Vereine oder auch einschlägig bekannte Einzelpersonen die Beihilfe zum Suizid

regelmäßig anbieten, beispielsweise durch die Gewährung, Verschaffung oder Vermittlung eines tödlichen Medikamentes. Dadurch droht eine gesellschaftliche „Normalisierung", ein „Gewöhnungseffekt", an solche organisierten Formen des assistierten Suizids einzutreten. Insbesondere alte und/oder kranke Menschen können sich dadurch zu einem assistierten Suizid verleiten lassen oder gar direkt oder indirekt gedrängt fühlen. Ohne die Verfügbarkeit solcher Angebote würden sie eine solche Entscheidung nicht erwägen, geschweige denn treffen. Solchen nicht notwendig kommerziell orientierten, aber geschäftsmäßigen, also auf Wiederholung angelegten Handlungen ist deshalb zum Schutz der Selbstbestimmung und des Grundrechtes auf Leben auch mit den Mitteln des Strafrechts entgegenzuwirken.

Der hier vorgelegte Entwurf kriminalisiert ausdrücklich nicht die Suizidhilfe, die im Einzelfall in einer schwierigen Konfliktsituation gewährt wird. Ein vollständiges strafbewehrtes Verbot der Beihilfe zum Suizid, wie es in einzelnen anderen europäischen Staaten besteht, ist politisch nicht gewollt und wäre mit den verfassungspolitischen Grundentscheidungen des Grundgesetzes kaum zu vereinbaren. Gleichzeitig wird durch eine gesonderte Regelung klargestellt, dass Angehörige oder andere dem Suizidwilligen nahestehende Personen sich nicht strafbar machen, wenn sie lediglich Teilnehmer an der Tat sind und selbst nicht geschäftsmäßig handeln.

B. LÖSUNG

Der Entwurf schlägt die Schaffung eines neuen Straftatbestandes im Strafgesetzbuch (StGB) vor (§ 217 StGB-E), der in Absatz 1 die geschäftsmäßige Förderung der Selbsttötung unter Strafe stellt. Diese Tätigkeit soll als abstrakt das Leben gefährdende Handlung verboten werden. Nach Absatz 2 sollen Angehörige oder andere dem Suizidwilligen nahestehende Personen, die sich lediglich als nicht geschäftsmäßig handelnde Teilnehmer an der Tat beteiligen, von der Strafandrohung ausgenommen werden. (...)

ENTWURF EINES GESETZES ZUR STRAFBARKEIT DER
GESCHÄFTSMÄSSIGEN FÖRDERUNG DER SELBSTTÖTUNG

Vom ... Der Bundestag hat das folgende Gesetz beschlossen:

Artikel 1 Änderung des Strafgesetzbuchs
Das Strafgesetzbuch in der Fassung der Bekanntmachung vom
13. November 1998 (BGBl. I S. 3322), das zuletzt durch Artikel
... des Gesetzes vom ... (BGBl. I S. ...) geändert worden ist, wird
wie folgt geändert:
1. In der Inhaltsübersicht wird die Angabe zu § 217 wie folgt
gefasst: „§ 217 Geschäftsmäßige Förderung der Selbsttötung".
2. § 217 wird wie folgt gefasst:
„§ 217 Geschäftsmäßige Förderung der Selbsttötung
(1) Wer in der Absicht, die Selbsttötung eines anderen zu fördern, diesem hierzu geschäftsmäßig die Gelegenheit gewährt,
verschafft oder vermittelt, wird mit Freiheitsstrafe bis zu drei
Jahren oder mit Geldstrafe bestraft.
(2) Als Teilnehmer bleibt straffrei, wer selbst nicht geschäftsmäßig handelt und entweder Angehöriger des in Absatz 1 genannten anderen ist oder diesem nahesteht."

Artikel 2 Inkrafttreten
Dieses Gesetz tritt am Tag nach der Verkündung in Kraft.

(3) ENTWURF EINES GESETZES ZUR REGELUNG DER ÄRZTLICH
    BEGLEITETEN LEBENSBEENDIGUNG (SUIZIDHILFEGESETZ)

*Gesetzentwurf der Abgeordneten Peter Hintze, Dr. Carola
Reimann, Dr. Karl Lauterbach, Burkhard Lischka, Lisa Paus,
Dr. Ursula von der Leyen, Dagmar Wöhrl, Katherina Reiche,
Dr. Kristina Schröder (...)*

A. PROBLEM

Der medizinische Fortschritt ermöglicht eine Verlängerung
des menschlichen Lebens und eine Verbesserung der Lebensqualität. Zugleich führt die medizinisch ermöglichte Lebens-

verlängerung zu immer neuen Herausforderungen in der Behandlung eines krankheitsbedingten Leidens in der Sterbephase. In den Fällen, in denen die Möglichkeiten einer kurativen Behandlung von Krankheiten ausgeschöpft sind, kann eine Schmerzbelastung von Menschen in der letzten Lebensphase durch eine Vielzahl von palliativmedizinischen Maßnahmen sowie durch die Betreuung in Hospizeinrichtungen in aller Regel erheblich reduziert oder ganz verhindert werden. Da es in vielen Regionen derzeit noch an genügend Palliativangeboten fehlt, besteht auch angesichts der demografischen Veränderung die Aufgabe, flächendeckend in ausreichendem Maße eine stationäre wie ambulante Palliativversorgung sicherzustellen und hierfür die erforderlichen Finanzmittel zur Verfügung zu stellen.

Obgleich die Palliativmedizin in der Regel eine ausreichende Schmerzlinderung ermöglicht, stößt sie in der Praxis in sehr wenigen Fällen an Grenzen. Dies ist dann der Fall, wenn eine ausreichende Schmerzbehandlung nach Maßgabe der für die Durchführung palliativmedizinischer Maßnahmen geltenden fachlichen Richtlinien ausnahmsweise nicht ermöglicht werden kann oder das Leiden daher rührt, dass der Patient – etwa aus einem Ekel vor sich selbst – seine Situation nicht mehr anzunehmen vermag. Das körperliche und psychische Leiden ihrer Patienten stellt auch für das medizinische Personal eine äußerst belastende Situation dar.

Demoskopische Erhebungen belegen einen ausgeprägten Wunsch nach Selbstbestimmung in der letzten Lebensphase. Die klare Mehrheit der Bevölkerung spricht sich für die Möglichkeit aus, im Fall einer unheilbaren, irreversibel zum Tode führenden Erkrankung zur Abwendung eines starken Leidensdruckes eine ärztliche Hilfe bei der selbstvollzogenen Lebensbeendigung in Anspruch nehmen zu können. Diese Überzeugung ist getragen von dem unserer Rechtsordnung zugrunde liegenden Grundsatz, dass die Statuierung einer Rechtspflicht zum Leben illegitim ist.

Abgesehen vom strafrechtlichen Verbot der Tötung auf Verlangen sowie von bestimmten im Fall einer Selbstgefährdung geltenden ordnungsbehördlichen Eingriffsbefugnissen, genießt im Geltungsbereich des Grundgesetzes jeder Mensch grundsätzlich eine umfassende Dispositionsfreiheit im Hinblick auf das eigene Leben. Insbesondere sind der Suizid und infolgedessen auch die Beihilfe zum Suizid nach den Vorschriften des Strafgesetzbuches erlaubt.

Ungeachtet dessen untersagt das ärztliche Standesrecht in 10 von 17 Ärztekammerbezirken in Deutschland jede Form der Hilfestellung zur selbstvollzogenen Lebensbeendigung ihrer Patienten. Dies sowie eine in Bezug auf Grenzfälle komplizierte Rechtslage führen zu Rechtsunsicherheit bei Ärzten und Patienten. Schwerkranke Menschen in auswegloser Lage werden hierdurch zusätzlich belastet.

In einer pluralistischen Gesellschaft unterliegt die Hilfe zum Suizid einer unterschiedlichen normativen Bewertung je nachdem, welche religiösen, weltanschaulichen oder moralischen Einstellungen hierbei den Ausschlag geben. Während die katholische Kirche die Suizidbeihilfe grundsätzlich ablehnt, konzediert die Evangelische Kirche in Deutschland bei ebenfalls grundsätzlicher Ablehnung jedenfalls die Möglichkeit einer individualethisch begründeten, vom individuellen Gewissen und dem Gedanken der christlichen Nächstenliebe getragenen Suizidhilfe (vgl. „Wenn Menschen sterben wollen – Eine Orientierungshilfe zum Problem der ärztlichen Beihilfe zur Selbsttötung", 2008). Da die fortschreitende Ausdifferenzierung der Gesellschaft mit einem zunehmenden Wertepluralismus einhergeht, haben moralische Einstellungen tendenziell eine immer geringere Chance, eine gesamtgesellschaftliche Prägekraft zu entfalten. Aus diesem Grund sind moralische Bewertungen auch innerhalb der Glaubensgemeinschaften zunehmend eine Angelegenheit des individuellen Dafürhaltens. Dem weltanschaulich neutralen Staat des Grundgesetzes obliegt es, im Fall einer gesetzlichen Regelung des ärztlich assistierten Suizids ausreichend Raum für vom individuellen Gewissen und individueller religiöser Überzeugung geleitete Entscheidungen zu lassen.

B. LÖSUNG

Um Rechtssicherheit für Ärzte und Patienten herzustellen und die Selbstbestimmung von unheilbar erkrankten Patienten zu stärken, ist das Bürgerliche Gesetzbuch um eine Regelung zu ergänzen, die es Ärzten ausdrücklich ermöglicht, dem Wunsch des Patienten nach Hilfe bei der selbstvollzogenen Lebensbeendigung entsprechen zu können. Eine solche Regelung soll zivilrechtlich ausgestaltet werden, da sie eine von einer Vielzahl physischer und psychischer Faktoren abhängende Entscheidung betrifft, die den Kern der personalen Autonomie berührt. In den Fällen von irreversibel zum Tode führenden Erkrankungen können Entscheidungen im Hinblick auf das Lebensende nur im Rahmen eines zwischen Arzt und Patient bestehenden Vertrauensverhältnisses und in Ausübung der nach Artikel 12 Absatz 1 Satz 2 des Grundgesetzes gewährleisteten Berufsausübungsfreiheit der Ärzte sowie der ärztlichen Gewissensfreiheit gemäß Artikel 4 Absatz 1 des Grundgesetzes in angemessener Weise getroffen werden. Die behandelnden Ärzte können aufgrund ihrer zum Teil sehr langen und intensiven Begleitung der jeweiligen Patienten am ehesten beurteilen, was im konkreten Einzelfall medizinisch angezeigt und in Würdigung der Gesamtsituation des Patienten zu verantworten ist.

Bereits mit der Einführung der Patientenverfügung wurde dem Bedürfnis nach mehr Patientenautonomie Rechnung getragen. Obgleich die Regeln zur Patientenverfügung die Durchführung medizinischer Maßnahmen zu einem Zeitpunkt betreffen, in denen es an der Einwilligungsfähigkeit des Patienten fehlt, eine eigenverantwortliche Entscheidung über eine Hilfestellung bei der selbstvollzogenen Lebensbeendigung demgegenüber nur dann getroffen werden kann, wenn der Patient aktuell einwilligungsfähig ist, dienen diese Regelungen in vergleichbarer Weise der Stärkung der Patientenautonomie. Daher soll die Regelung der ärztlichen Suizidassistenz wie die Patientenverfügung im Buch 4 des Bürgerlichen Gesetzbuches erfolgen.

Angesichts der Entscheidungstiefe, zur Vermeidung von Missbräuchen und zur Wahrung der Berufsausübungs- und Gewissensfreiheit des Arztes wird die ausdrückliche gesetzliche Gestattung einer ärztlichen Suizidassistenz an bestimmte Voraussetzungen gebunden. Ungeachtet der grundsätzlichen Straffreiheit jeder Suizidbeihilfe soll eine ärztliche Suizidassistenz nur dann gesetzlich ausdrücklich erlaubt und deshalb vor möglichen berufsrechtlichen Sanktionen geschützt werden, wenn der Patient volljährig und einwilligungsfähig ist, die ärztliche Hilfestellung freiwillig erfolgt, eine umfassende Beratung des Patienten stattgefunden hat und das Vorliegen einer unheilbaren, unumkehrbar zum Tod führenden Erkrankung nach dem Vier-Augen-Prinzip durch einen anderen Arzt bestätigt wurde. (...)

ENTWURF EINES GESETZES ZUR REGELUNG DER ÄRZTLICH BEGLEITETEN LEBENSBEENDIGUNG (SUIZIDHILFEGESETZ)

Vom ...
Der Bundestag hat das folgende Gesetz beschlossen:

Artikel 1
Änderung des Bürgerlichen Gesetzbuches
Das Bürgerliche Gesetzbuch in der Fassung der Bekanntmachung vom 2. Januar 2002 (BGBl. I S. 42, 2909; 2003 I S. 738), das zuletzt durch Artikel 1 des Gesetzes vom 22. April 2015 (BGBl. I S. 610) geändert worden ist, wird wie folgt geändert:
1. In der Inhaltsübersicht wird nach der Angabe zu Buch 4 Abschnitt 3 Titel 3 folgende Angabe eingefügt:
„Abschnitt 4
Selbstbestimmung des Patienten".
2. Nach § 1921 wird folgender Abschnitt 4 eingefügt:
„Abschnitt 4
Selbstbestimmung des Patienten
§ 1921a
Ärztlich begleitete Lebensbeendigung
(1) Ein volljähriger und einwilligungsfähiger Patient, dessen unheilbare Erkrankung unumkehrbar zum Tod führt, kann zur Abwendung eines krankheitsbedingten Leidens die Hilfestellung eines Arztes bei der selbst vollzogenen Beendigung seines Lebens in Anspruch nehmen.
(2) Eine Hilfestellung des Arztes nach Absatz 1 darf nur erfolgen, wenn der Patient dies ernsthaft und endgültig wünscht, eine ärztliche Beratung des Patienten über andere Behandlungsmöglichkeiten und über die Durchführung der Suizidassistenz stattgefunden hat, die Unumkehrbarkeit des Krankheitsverlaufs sowie die Wahrscheinlichkeit des Todes

medizinisch festgestellt und ebenso wie der Patientenwunsch und die Einwilligungsfähigkeit des Patienten durch einen zweiten Arzt bestätigt wurde.

(3) Die Hilfestellung des Arztes ist freiwillig.

(4) Die Entscheidung über den Zeitpunkt, die Art und den Vollzug seiner Lebensbeendigung trifft der Patient. Der Vollzug der Lebensbeendigung durch den Patienten erfolgt unter medizinischer Begleitung."

Artikel 2 Inkrafttreten

Das Gesetz tritt am Tage nach der Verkündung in Kraft. Berlin, den 30. Juni 2015

(4) ENTWURF EINES GESETZES ÜBER DIE STRAFFREIHEIT
DER HILFE ZUR SELBSTTÖTUNG

Gesetzentwurf der Abgeordneten Renate Künast,
Dr. Petra Sitte, Kai Gehring (...)

A. PROBLEM

Viele Menschen bewegt, was für sie ein würdiges Lebensende bedeutet. Sie wollen, dass die letztendliche Entscheidung darüber, was für sie würdevoll ist, bei ihnen verbleibt. Es gibt aber Lebenssituationen, in denen dies nicht mehr möglich ist. Meist, wenn auch nicht immer, hervorgerufen durch schwere und zum Tod führende Krankheiten. Menschen, die solche Situationen durchleiden müssen oder Angst davor haben, suchen nach Unterstützung, Hilfe und Zuwendung beim Sterben. Einige suchen während dieses quälenden Prozesses aber auch nach Hilfe zum Sterben. Sie wünschen sich eine Erleichterung oder Beschleunigung ihres Sterbeprozesses.

Staat und Gesellschaft dürfen es einem Menschen nicht abverlangen, einen qualvollen Weg bis zum bitteren Ende zu gehen und zu durchleiden. Deswegen muss es auch möglich sein, Menschen zu helfen, wenn diese sich selbstbestimmt und aus objektiv verständlichen Gründen das Leben nehmen möchten. Strafrechtlich ist dies nicht verboten. Sich selbst zu töten, ist in

Deutschland straffrei. Seit der Schaffung des Strafgesetzbuches im Jahr 1871 ist es legal, Menschen beim Suizid Hilfe zu leisten. Für Angehörige und dem sterbewilligen Menschen nahestehende Personen genauso wie für Ärztinnen, Ärzte und Vereine. Diese Straffreiheit ist keine Strafbarkeitslücke. Das Strafrecht hat seit 140 Jahren die Hilfe zur Selbsttötung nicht verboten, ohne dass es zu gravierenden Fehlentwicklungen gekommen wäre. Dass nun seit einigen Jahren in Deutschland Einzelpersonen und Vereine anbieten, fremden Menschen beim Suizid zu assistieren, stellt jedoch eine Herausforderung für den Gesetzgeber dar. Es ist für die Gesellschaft nicht hinnehmbar, wenn Einzelpersonen oder Organisationen aus dieser Hilfe zum Sterben in der Not eine kommerzielle Geschäftsidee machen möchten. Dies birgt die Gefahr, dass für den Suizid geworben werden könnte oder Menschen gar dazu verleitet würden. Doch darüber hinaus sollte es der Gesetzgeber unterlassen, das Strafrecht zu ändern. Mehr Fürsorge statt mehr Strafrecht ist das Gebot, um den Nöten sterbewilliger Menschen zu begegnen. Durch Verbote und eine damit einhergehende Tabuisierung wird lediglich erreicht, den Suizid zu kriminalisieren, ohne die Häufigkeit seines Vorkommens damit reduzieren zu können. Eine ergebnisoffene und damit suizidpräventive Beratung und Unterstützung für Sterbewillige wird damit spürbar erschwert.

B. Lösung

Es wird positiv gesetzlich normiert, dass Hilfe zur Selbsttötung nicht strafbar ist. Zwar beschreibt dies nur die derzeitige Rechtslage. Dennoch kommt der Regelung mehr als nur deklaratorischer Charakter zu. Denn sie beseitigt Rechtsunsicherheiten in der Bevölkerung sowie bei Ärzten. Zudem wird die gewerbsmäßige Hilfe zur Selbsttötung verboten sowie Kriterien für die Beratung und Dokumentation aufgestellt.

C. Alternativen

Es wird diskutiert, die Hilfe zur Selbsttötung ganz oder teilweise zu verbieten oder sie nur bestimmten Personen-und Berufsgruppen zu gestatten. Hierdurch würde mehr verboten, als es der Schutz der Rechtsgüter des Lebens und der Selbstbestimmung gebietet. Diese könnten insbesondere durch die Kommerzialisierung der Hilfe zur Selbsttötung gefährdet werden. Wer darüber hinaus jede organisierte Form, also etwa von ehrenamtlichen Vereinen, oder jede geschäftsmäßige Form, also etwa von Ärztinnen und Ärzten, ausschließt, nimmt vielen betroffenen und leidenden Menschen die Möglichkeit zu einem selbstbestimmten und würdevollen Tod. Denn viele Menschen wollen ihre Verwandten und nahestehenden Personen nicht um Hilfe zu einer geplanten Selbsttötung bitten, weil sie diese damit nicht belasten möchten. Manche – insbesondere ältere – Menschen haben diese Möglichkeit zudem gar nicht mehr. Verwandte, nahestehende Personen, Ärztinnen und Ärzte sind unter Umständen aufgrund ethischer oder persönlicher Überzeugungen auch nicht bereit oder in der Lage, den Betroffenen zu helfen. (...)

ENTWURF EINES GESETZES ÜBER DIE STRAFFREIHEIT
DER HILFE ZUR SELBSTTÖTUNG

Vom ...
Der Bundestag hat das folgende Gesetz beschlossen:

Artikel 1
Gesetz über die Straffreiheit der Hilfe zur Selbsttötung
Inhaltsübersicht
§ 1 Zweck des Gesetzes
§ 2 Grundsatz der Straffreiheit
§ 3 Voraussetzungen
§ 4 Gewerbsmäßige Hilfe zur Selbsttötung
§ 5 Gewerbsmäßige Förderung der Selbsttötung
§ 6 Ärzte als Helfer zur Selbsttötung
§ 7 Beratungspflicht bei organisierter oder geschäftsmäßiger Hilfe zur Selbsttötung
§ 8 Dokumentationspflicht bei organisierter oder geschäftsmäßiger Hilfe zur Selbsttötung
§ 9 Pflichtverletzungen
§ 10 Durchführungsbestimmungen
§ 11 Evaluation

§ 1 Zweck des Gesetzes
Zweck dieses Gesetzes ist es,
1. die Voraussetzungen für die Hilfe zur Selbsttötung zu bestimmen;
2. die rechtlichen Unsicherheiten für Einzelpersonen und Organisationen, die Hilfe zur Selbsttötung leisten, auszuräumen;
3. für Ärzte klarzustellen, dass sie Hilfe zur Selbsttötung leisten dürfen, und
4. Regeln für Organisationen aufzustellen, deren Zweck es ist, Hilfe zur Selbsttötung zu leisten.

§ 2 Grundsatz der Straffreiheit
(1) Die Selbsttötung ist straflos.
(2) Die Hilfe zur Selbsttötung ist grundsätzlich straflos.

§ 3 Voraussetzungen
(1) Hilfe zur Selbsttötung darf nur dann geleistet werden, wenn der sterbewillige Mensch den Wunsch zur Selbsttötung freiverantwortlich gefasst und geäußert hat.
(2) Wer in organisierter oder geschäftsmäßiger Form Hilfe zur Selbsttötung leistet, muss sich aufgrund eines Beratungsgesprächs (§ 7) des Umstands vergewissert haben, dass der sterbewillige Mensch freiwillig, selbstbestimmt und nach reiflicher Überlegung die Hilfe zur Selbsttötung verlangt.
(3) Zwischen dem Beratungsgespräch und der Hilfeleistung zur Selbsttötung müssen mindestens vierzehn Tage vergehen.

§ 4 Gewerbsmäßige Hilfe zur Selbsttötung
(1) Wer Hilfe zur Selbsttötung mit der Absicht leistet, sich oder einem Dritten durch wiederholte Hilfehandlungen eine fortlaufende Einnahmequelle von einiger Dauer und einigem Umfang zu verschaffen (gewerbsmäßiges Handeln), wird mit Freiheitsstrafe bis zu drei Jahren oder mit Geldstrafe bestraft.
(2) Die Beihilfe zu einer Tat nach Absatz 1 ist nicht rechtswidrig.

§ 5 Gewerbsmäßige Förderung der Selbsttötung
Wer gewerbsmäßig und in der Absicht, Selbsttötungen zu fördern, Mittel oder Gegenstände, die dazu geeignet sind, in den Verkehr bringt und dadurch einen anderen zur Selbsttö-

tung verleitet, wird mit Freiheitsstrafe bis zu zwei Jahren oder mit Geldstrafe bestraft.

§ 6 Ärzte als Helfer zur Selbsttötung

(1) Wer als Arzt von einem sterbewilligen Menschen um Hilfe zur Selbsttötung gebeten wird, hat nicht die Pflicht, dieser Bitte zu entsprechen.

(2) Die Hilfe zur Selbsttötung kann eine ärztliche Aufgabe sein und darf Ärzten nicht untersagt werden. Dem entgegenstehende berufsständische Regelungen sind unwirksam.

§ 7 Beratungspflicht bei organisierter oder geschäftsmäßiger Hilfe zur Selbsttötung

(1) Wer als Arzt um Hilfe zur Selbsttötung gebeten wird und eine solche Hilfe nicht ablehnen will, hat die Pflicht, den sterbewilligen Menschen in einem umfassenden und ergebnisoffenen Beratungsgespräch über seinen Zustand aufzuklären, Möglichkeiten der medizinischen Behandlung und Alternativen zur Selbsttötung – insbesondere palliativmedizinische – aufzuzeigen, weitere Beratungsmöglichkeiten zu empfehlen sowie auf mögliche Folgen eines fehlgeschlagenen Selbsttötungsversuches hinzuweisen. Der Arzt hat den Umfang sowie die Ergebnisse der Beratung schriftlich zu dokumentieren.

(2) Wer als nichtärztlicher Mitarbeiter in einem Hospiz oder einem Krankenhaus um Hilfe zur Selbsttötung gebeten wird und eine solche Hilfe nicht ablehnen will, hat die Pflicht, mit dem sterbewilligen Menschen ein umfassendes und ergebnisoffenes Beratungsgespräch zu führen, Möglichkeiten der medizinischen Behandlung und Alternativen zur Selbsttötung – insbesondere palliativmedizinische – anzusprechen, weitere Beratungsmöglichkeiten zu empfehlen sowie auf mögliche Folgen eines fehlgeschlagenen Selbsttötungsversuches hinzuweisen. Das Beratungsgespräch muss dokumentiert werden. Wer als Mitarbeiter oder als ehrenamtlicher Mitarbeiter in einem Hospiz oder einem Krankenhaus um Hilfe zur Selbsttötung gebeten wurde, hat die Pflicht, die Leitung des Hospizes oder der Krankenhausstation unverzüglich darüber zu informieren. Hospize und Krankenhäuser müssen gewährleisten, dass die sterbewillige Person unverzüglich durch einen Arzt gemäß Absatz 1 beraten wird.

(3) Wer geschäftsmäßig Hilfe zur Selbsttötung leistet, ohne Arzt zu sein (Sterbehelfer), und um Hilfe zur Selbsttötung gebeten wird, hat die Pflicht, unverzüglich einen Arzt darüber zu informieren. Erst wenn der sterbewillige Mensch durch einen Arzt gemäß Absatz 1 beraten worden ist, darf der Sterbehelfer ein eigenes Beratungsgespräch führen. In diesem Beratungsgespräch müssen umfassend und ergebnisoffen Möglichkeiten der medizinischen Behandlung und Alternativen zur Selbsttötung – insbesondere palliativmedizinische – angesprochen, weitere Beratungsmöglichkeiten empfohlen sowie auf mögliche Folgen eines fehlgeschlagenen Selbsttötungsversuches hingewiesen werden. Bei der Beratung durch einen Arzt gemäß Absatz 1 darf der Sterbehelfer nicht anwesend sein. Das Hilfeersuchen, die Information des Arztes und die eigene Beratung des sterbewilligen Menschen müssen dokumentiert werden.

(4) Wer als Mitglied oder als Angestellter einer Organisation, die geschäftsmäßig Hilfe zur Selbsttötung anbietet (Sterbehilfeorganisation), um Hilfe zur Selbsttötung gebeten wird, ohne selbst Arzt zu sein, hat die Pflicht, die Leitung der Organisation unverzüglich darüber zu informieren. Sterbehilfeorganisationen müssen gewährleisten, dass die sterbewillige Person unverzüglich durch einen Arzt gemäß Absatz 1 beraten wird. Erst wenn der sterbewillige Mensch durch einen Arzt gemäß Absatz 1 beraten worden ist, darf ein Mitglied oder ein Angestellter der Sterbehilfeorganisation ein eigenes Beratungsgespräch führen. In diesem Beratungsgespräch müssen umfassend und ergebnisoffen Möglichkeiten der medizinischen Behandlung und Alternativen zur Selbsttötung – insbesondere palliativmedizinische – angesprochen, weitere Beratungsmöglichkeiten empfohlen sowie auf mögliche Folgen eines fehlgeschlagenen Selbsttötungsversuches hingewiesen werden. Bei der Beratung durch einen Arzt gemäß Absatz 1 dürfen keine Mitglieder oder Angestellte der Sterbehilfeorganisation anwesend sein. Das Hilfeersuchen, die Information der Organisationsleitung, die Information des Arztes und die eigene Beratung des sterbewilligen Menschen müssen dokumentiert werden.

§ 8 Dokumentationspflicht bei organisierter oder geschäftsmäßiger Hilfe zur Selbsttötung

Wer in organisierter oder geschäftsmäßiger Form Hilfe zur Selbsttötung leistet, hat die Pflicht, alle dazu notwendigen Handlungen zu dokumentieren. Für Ton- oder Bildaufnahmen ist eine schriftliche Einwilligung des sterbewilligen Menschen erforderlich.

§ 9 Pflichtverletzungen

(1) Wer in organisierter oder geschäftsmäßiger Form Hilfe zur Selbsttötung leistet und dabei

1. entgegen den Voraussetzungen des § 3 handelt,
2. zuvor die Beratungspflicht (§ 7) verletzt oder
3. die Dokumentationspflicht (§ 8) verletzt, wird mit Freiheitsstrafe bis zu zwei Jahren oder mit Geldstrafe bestraft.

(2) Sterbehilfeorganisationen, deren Mitglieder oder Angestellte sich wegen einer Tat gemäß § 4 oder § 5 strafbar gemacht oder eine Pflicht gemäß Absatz 1 verletzt haben, können verboten werden.

§ 10 Durchführungsbestimmungen

(1) Das Bundesministerium der Gesundheit wird ermächtigt, durch Rechtsvorordnung mit Zustimmung des Bundesrates das Nähere zu regeln. Dies betrifft insbesondere die Anforderungen an

1. Sterbehelfer,
2. Sterbehilfeorganisationen und deren Organisationsstruktur,
3. Verbotsverfügungen gemäß § 9 Absatz 2,
4. Werbeverbote für Hilfeleistungen bei Selbsttötungen,
5. die Merkmale und die Dokumentation eines Beratungsgesprächs,
6. die Dokumentation der Hilfe zur Selbsttötung,
7. Meldepflichten in Fällen, in denen Hilfe zur Selbsttötung geleistet wurde.

§ 11 Evaluation

(1) Das Bundesministerium für Gesundheit legt dem Bundestag und der Öffentlichkeit alle vier Jahre die Ergebnisse einer Evaluation der Wirksamkeit dieses Gesetzes vor, erstmals vier Jahre nach Inkrafttreten des Gesetzes.

(2) Die Evaluation muss insbesondere darlegen:
Etwaige Fehlentwicklungen in der Sterbehilfe,
1. die erkennbaren oder zu vermutenden Auswirkungen auf die Anzahl der Selbsttötungen in Deutschland insgesamt, auf die Anzahl der der assistierten Selbsttötungen in Deutschland sowie auf die Anzahl der Selbsttötungen deutscher Staatsbürger im Ausland,
2. die Anzahl der Sterbehelfer sowie der Sterbehilfeorganisationen in Deutschland,
3. die Qualität der Beratungsgespräche.

Artikel 2
Inkrafttreten
Dieses Gesetz tritt am Tag nach der Verkündung in Kraft.

Christine Boehl, geb. 1978, Studium der kath. Theologie, Geschichte und Politikwissenschaft, arbeitet in Berlin. Im Bund Katholischer Deutscher Frauen ist sie Mitglied der Theologischen Kommission und seit 2014 KDFB-Vizepräsidentin.

Michael Brand MdB, geb. 1973, hat Politische Wissenschaften, Geschichte und Rechtswissenschaften studiert. Als direkt gewählter Abgeordneter aus Fulda ist er Mitglied der CDU/CSU-Fraktion im Deutschen Bundestag, Vorsitzender des Bundestag-Ausschusses für Menschenrechte und humanitäre Hilfe und Mitinitiator des fraktionsübergreifenden Gesetzesantrages zur Strafbarkeit der geschäftsmäßigen Förderung der Selbsttötung. Er ist verheiratet und hat drei Kinder.

Dr. Michael Frieß, geb. 1974, studierte evangelische Theologie in München, arbeitete am Lehrstuhl von Prof. F. W. Graf und verfasste seine Dissertation gefördert durch ein Stipendium der Hanns-Seidel-Stiftung an der TU Dresden. Er ist Gemeindepfarrer in Landsberg und arbeitet seit 20 Jahren als Rettungsassistent im Rettungsdienst. Aktuelle Veröffentlichungen: „Sterbehilfe. Zur theologischen Akzeptanz von assistiertem Suizid und aktiver Sterbehilfe" (Kohlhammer 2010) und – als Herausgeber – „Wie sterben? Zur Selbstbestimmung am Lebensende" (Gütersloher Verlagshaus 2012).

Ulrike Herwald, geb. 1964, ist seit 2010 hauptberufliche Koordinatorin der Hospizbewegung Hilden. Sie ist verheiratet und Mutter von zwei erwachsenen Kindern. Sie hat Soziale Arbeit studiert, war viele Jahre ehrenamtlich in einem stationären Hospiz engagiert, ist seit 2009 Mitglied des Vorstandes, seit 2013 stellv. Vorsitzende des Hospiz- und PalliativVerbands NRW e.V. Sie ist Mitglied der Gemeinschaft Katholischer Männer und Frauen (KMF).

Tilman Jens, geb. 1954, ist Journalist, Reporter und Buchautor. Der Sohn von Inge und Walter Jens ist Autor vieler Fernseh-

Features, u. a. eines über Sterbehilfe, und verschiedener Bücher, darunter „Demenz" (2009) und „Vatermord" (2011, beide Gütersloher Verlagshaus). Im September 2015 erscheint (im Gütersloher Verlagshaus) sein neues Buch „Du sollst sterben dürfen".

Prof. Dr. Andreas Jurgeleit, geb. 1960, trat 1990 in den richterlichen Dienst des Landes Nordrhein-Westfalen ein. 2012 wurde er zum Richter am Bundesgerichtshof in Karlsruhe bestellt und ist dort Mitglied des VII. Zivilsenats. An der Ruhr-Universität Bochum nimmt er einen Lehrauftrag wahr. Der Autor – u. a. zum Betreuungsrecht – und Herausgeber von Kommentaren (im Verlag Nomos) zum geltenden Recht ist verheiratet, Vater zweier Söhne und lebt in Bochum.

Prof. Dr. Andreas Lob-Hüdepohl, geb. 1961, hat kath. Theologie, Philosophie und Erziehungswissenschaften studiert und in Moraltheologie promoviert. Er ist Professor für Theologische Ethik an der Katholischen Fachhochschule für Sozialwesen in Berlin. Im Zentralkomitee der deutschen Katholiken (ZdK) leitet er die Arbeitsgruppe „Patientenverfügungen", der den ZdK-Beschluss „Leben bis zuletzt – Sterben in Würde" (2013) erarbeitet hat. Autor und Herausgeber verschiedener Bücher, im September 2015 erscheint sein neues Buch „Zu Wort kommen lassen: Narration als Zugang zur Inklusion" (Kohlhammer). Er ist verheiratet und lebt in Berlin.

Sylvia Löhrmann, geb. 1957, hat Englisch und Deutsch für das Lehramt studiert und nach Referendariat und 2. Staatsexamen die beiden Fächer an der Gesamtschule in Solingen unterrichtet. Seit 1985 ist sie Mitglied von Bündnis ʼ90/Die Grünen und engagierte sich zuerst in der Kommunal-, dann in der Landespolitik. 2010 wurde sie Ministerin für Schule und Weiterbildung des Landes Nordrhein-Westfalen, und seitdem ist sie auch stellvertretende Ministerpräsidentin. Sie ist Mitglied des Zentralkomitees der deutschen Katholiken (ZdK).

Dr. Claudia Lücking-Michel MdB, geb. 1962, hat Theologie und Geschichte studiert, in Theologie promoviert. Sie ist verheiratet, hat drei Kinder und lebt in Bonn. Sie arbeitete für das Hilfswerk Misereor in der Entwicklungszusammenarbeit und war dann Generalsekretärin des Cusanuswerks. Seit 2004 ist sie Mitglied der CDU und seit 2013 Abgeordnete im Deutschen Bundestag für Bonn. Schon immer kirchlich engagiert, u. a. bei der Arbeitsgemeinschaft Entwicklungshilfe (AGEH), ist sie seit 2005 auch Vizepräsidentin des Zentralkomitees der deutschen Katholiken (ZdK). 2014 wurde sie zur Leiterin der Gemeinschaft Katholischer Männer und Frauen (KMF) gewählt.

Prof. Dr. Frank Mathwig, geb. 1960, ist Titularprofessor für Ethik am Institut für Systematische Theologie der Universität Bern in der Schweiz. Außerdem ist er Beauftragter für Theologie und Ethik des Schweizerischen Evangelischen Kirchenbundes (SEK). Er hat (u. a.) die Evangelische Kirche im Rheinland und den Rat der Gemeinschaft Evangelischer Kirchen in Europa beraten mit seinen Überlegungen zu „Leben hat seine Zeit, Sterben hat seine Zeit". Der Autor und Herausgeber zahlreicher Bücher hat 2015 das Buch „Macht der Fürsorge?: Moral und Macht im Kontext von Medizin und Pflege" (Theologischer Verlag Zürich) herausgegeben.

Prof. Dr. Dietmar Mieth, geb. 1940, ist Professor em. für Theologische Ethik / Sozialethik an der Universität Tübingen. Er arbeitet in einigen bedeutenden Ethik-Kommissionen mit, z. B. in der Bioethik-Kommission der Deutschen Bischofskonferenz und der Ethikkommission des Bundesgesundheitsministeriums, ist Vorsitzender der Wissenschaftlichen Beiräte des Berliner Institutes für Christliche Ethik und Politikberatung und des Instituts Mensch, Ethik, Wissenschaft. Mit anderen hat er die Meister-Eckhart-Gesellschaft gegründet. Er ist Mitglied der Gemeinschaft Katholischer Männer und Frauen (KMF). Bereits 2008 erschien sein Buch „Grenzenlose Selbstbestimmung? Der Wille und die Würde Sterbender" (Patmos), 2014 sein „Meister Eckhart" als Taschenbuch (C. H. Beck).

Dr. Lothar Moschner, geb. 1961, ist Facharzt für Innere Medizin und Hämatologie/Onkologie, zu seinen Fachgebieten gehören die Palliativmedizin und Naturheilverfahren. Er arbeitet in einer

Gemeinschaftspraxis in Dülmen. Er ist verheiratet, hat drei Kinder, und er ist Mitglied der Gemeinschaft Katholischer Männer und Frauen (KMF).

Dr. Michael de Ridder, geb. 1947, leitete von 1996 bis 2011 als Internist die Rettungsstelle des Vivantes-Klinikums in Berlin, dann dessen neugegründetes Hospiz. In seinem Buch „Wie wollen wir sterben?" (DVA, 2010) plädiert er für eine neue Sterbekultur in Zeiten der Hochleistungsmedizin. Der auch sozial engagierte Arzt – in Kambodscha, in der Drogenhilfe – äußert sich immer wieder zu Fragen der Medizin und der Gesundheitspolitik.

Dr. Barbara Schubert, geb. 1962, ist Chefärztin der Fachabteilung für Onkologie, Geriatrie und Palliativmedizin am St. Joseph-Stift in Dresden. Von 2008 bis 2014 war sie Mitglied im Vorstand der Deutschen Gesellschaft für Palliativmedizin. Für ihr haupt- und ehrenamtliches Engagement in der Hospizbewegung und Palliativmedizin erhielt sie 2001 das Bundesverdienstkreuz. Sie ist verheiratet und hat vier Kinder.

Prof. Dr. Magnus Striet, geb. 1964, ist Professor für katholische Fundamentaltheologie an der Universität Freiburg im Breisgau. Arbeitsschwerpunkte sind die Anthropologie, Gotteslehre und Eschatologie. Wichtig ist ihm der Dialog zwischen Theologie und Philosophie, besonders mit der neuzeitlichen Freiheitsphilosophie. In diesem Jahr erschienen von ihm die Bücher „Credo: Das Glaubensbekenntnis für heute erschlossen" (Herder Verlag) und „Gottes Schweigen. Auferweckungssehnsucht – und Skepsis".

Prof. Dr. Jochen Taupitz, geb. 1953, ist Ordinarius für Bürgerliches Recht, Zivilprozessrecht, internationales Privatrecht und Rechtsvergleichung an der Universität Mannheim. Er arbeitet in Ethikkommissionen mit und ist Stellvertretender Vorsitzender des deutschen Ethikrates. Im August 2014 hat er mit Gian Domenico Barasio (Mediziner), Ralf J. Jox und Urban Wiesing (beide Medizinethiker) den Gesetzesvorschlag „Selbstbestimmung im Sterben – Fürsorge zum Leben" zur Regelung des assistierten Suizids vorgelegt.

Prof. Dr. Jean-Pierre Wils, geb. 1957 in Belgien, lebt mit seiner Frau in Kranenburg. Der Theologe und Ethiker hat 1987 promoviert und 1990 habilitiert. Er wurde Ordinarius für theologische Ethik an der Universität Nijmegen. Seit 2010 ist er Ordinarius für Politische Philosophie und Kulturphilosophie an der Universität Nijmegen/Niederlande und Gastprofessor an der Hochschule für Kunsttherapie in Nürtingen/Baden-Württemberg. 2014 veröffentlichte er das Buch „Kunst. Religion. Versuch über ein prekäres Verhältnis" (Verlag Klöpfer & Meyer).

Irene Wimmi, geb. 1957, ist Pastoralreferentin und katholische Klinikseelsorgerin im Diakonissenkrankenhaus Mannheim. Sie ist verheiratet und hat drei erwachsene Kinder. Seit 2007 ist sie Diözesanvorsitzende des Katholischen Deutschen Frauenbundes Speyer.

DANK

Die Beiträge dieses Buches basieren auf einer öffentlichen Tagung der Gemeinschaft Katholischer Männer und Frauen (KMF) und des Katholischen Deutschen Frauenbundes zum Thema Sterbehilfe vom 15. bis 17. Mai 2015 in Köln. Die Tagung und damit auch dieses Buch wurden großzügig unterstützt durch die Bank im Bistum Essen, die Pax-Bank, Köln, die in puncto druck+medien GmbH, Bonn, und mit einem Zuschuss der Deutschen Bischofskonferenz (DBK) durch seinen Verband der Diözesen Deutschlands (VDD).

Dieses Buch konnte nur durch das außerordentliche Engagement seiner Autorinnen und Autoren entstehen, die schon die Tagung „Sterben dürfen? Sterben helfen? In Gottes und der Menschen Hand" mit Fachkenntnissen, persönlichem Einsatz und gemeinsamer Bereitschaft zu Dialog und fairer Debatte geprägt hatten.

Herzlichen Dank!

REDAKTION:
Karin Schreiber, Dr. Franziskus Siepmann, Martin Merz